音声
DL
対応

中西のりこ

決定版

英語
シャドーイング
100本ノック

コスモピア

はじめに

　本書には『シャドーイング 100 本ノック』という書名がついていますが、最終的な目標は、シャドーイング名人になることではありません。相手の声にかぶせるようにして発話内容をそのまま復唱するシャドーイング練習の先にある目標は、実際のコミュニケーションをスムーズにすることです。これは、野球のノックの練習と実際の試合の違いに似ています。ノックでは守備陣の誰がどのように打球をキャッチしてどこに投げるのかという基本動作を身体に覚えこませるために繰り返し練習を行います。同様にシャドーイングも、聞こえてきた音をどのように処理して、伝えたい内容をどのように音声に変換するかという基本的なプロセスを身体に覚えこませるためのものです。ここで、リスニング（L）とスピーキング（S）のプロセスをざっくりと整理しておきましょう。

　まず、英語リスニングでは、
[L1] 聞こえた音が英語のどの音素に当てはまるか
[L2] それらの音素の集まりをどのように区切れば英単語になるか
[L3] それらの英単語の集まりが文としてどう機能しているか
[L4] それらの文の集まりが全体としてどのようなメッセージを伝えているかを把握する。
というボトムアップ・プロセスを経て内容理解にたどりつく、という考え方があります。このプロセスの中には、話者がどのような速さや区切り方、トーン、リズム、イントネーションでメッセージを伝えているかというプロソディ（韻律）的な要素も含まれます。

次に、英語スピーキングでは、

[S1] 頭の中にあるメッセージをどういう順序でどう伝えるか

[S2] どのような英単語をどう組み合わせて文とするか

[S3] それらの英単語の集まりをどのように発話するか

[S4] それらの英単語に含まれるそれぞれの音をどのように発音するかを決定し、発話する。

というプロセスが必要です。ここでも、どのようなプロソディで伝えるかという要素が含まれます。

　英語でのオーラルコミュニケーションの最終目標は [L4]、[S4] を経て発話者同士が理解しあったり議論をしたりすることです。野球の試合に出場するまでに基本的な練習が必要なのと同様に、シャドーイングは、実際のコミュニケーションの場面に備えて、基礎的な力を身に着けるためのトレーニングです。[L1 〜 4]、[S1 〜 4] のプロセスは瞬時に行われるため、基礎的な部分は身体にしみこませて自動化しておく必要があります。

　本書の Step 1 は [L1] と [S4]、Step 2 は [L2] と [S3]、Step 3 は [L3] と [S2]、Step 4 は [L4] と [S1] の基礎練習のために用意されています。どの Step においても、単に音の物まねをするのではなく、最終的には実際のコミュニケーションに活かせるよう、役立ててください。

2023 年 5 月　中西のりこ

3

CONTENTS

Step 1　1文シャドーイング

Step 2 　3文シャドーイング

Step 3 　日記シャドーイング

Step 4　名言シャドーイング

Column

本書の構成と使い方

本書は4つのStepに分かれています。それぞれのStepで、下記の進め方に従って自分の音声を録音して確認しましょう。

1. 最初はテキストを見ずにシャドーイング(聞き取り練習)
2. 次にテキストを見ながらシンクロ・リーディング(プロソディも含めた発音練習)
3. 仕上げに文脈を意識しながら音読(伝えたいことをキチンと理解して話す)

● Step 1 ／ Step 2

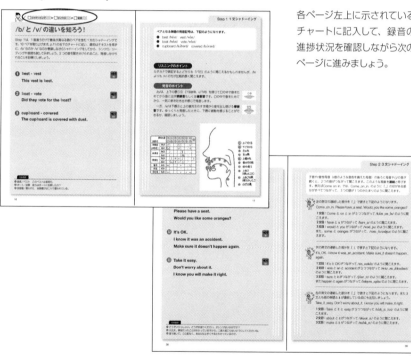

各ページ左上に示されているチャートに記入して、録音の進捗状況を確認しながら次のページに進みましょう。

Step 1では、子音と母音のペアについて扱います。まずは日本語とは異なる英語の「音」に慣れましょう。

Step 2では、4つの音声変化について扱います。音声変化に慣れて、単語と単語の区切りを認識し、効率よく話せるようになることを目指します。

● Step 3 ／ Step 4

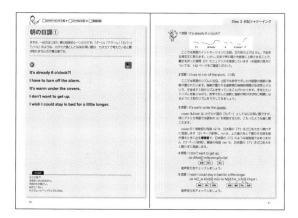

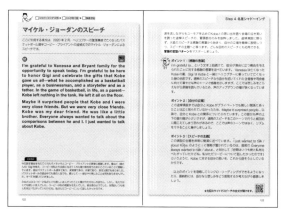

Step 3 は、一人称の視点で書かれた文でシャドーイングをします。文の内容とリズムやイントネーションの関係をつかみましょう。

Step 4 では、有名人のスピーチや朗読劇から一部の文章を抜粋。わかりやすい順序で感情をこめて話す様子を体感しましょう。

シャドーイング練習のための6つの手順とは?

文／中西のりこ

 ## シャドーイングとその他のトレーニング法

シャドーイングはお手本の音声を①**聞き取る力**と②**模倣する力**を駆使する複合タスクです。つまりシャドーイングは耳と口のトレーニングと言えますが、③**お手本がなくても英語らしく読み上げる力**にも注目しましょう。ここでは目から入ってくる文字情報も組み合わせたシンクロ・リーディングや音読と比較して、整理します。

シャドーイングが耳から入ってきた音だけを頼りに少し遅れて追いかけるように発音するのに対し、シンクロ・リーディグ（もしくはオーバーラッピング）は音と文字の両方を頼りに、音源に重ねるような感じで発音します。一方、音読では、音声は聞かずに文字情報を声に出して発音していきます。

シャドーイング	モデル音声を聞きながら、耳に入ってきた音を追いかけるようにして発音します。音を語句として瞬時に認識する力が求められます。
シンクロ・リーディング	モデル音声を聞くのと同時に文字も確認しながら、耳に入ってきた音に重ねるようにして発音します。オーバーラッピングとも呼ばれます。音を語句として認識できているかを目で確認しながら、模倣する力が求められます。
音読	モデル音声は聞かずに、自分のペースで文字を声に出して発音します。文字を語句として理解した上で、音に変換する力が求められます。

これらのトレーニングを重ねることにより聞き取る力と発音する力が自動化されれば、実際のコミュニケーションで「相手が何を意図しているのか」「自分は何をどのような順序で話すか」を考える余裕ができます。つまり、単に「マネする力」を養うことが目的ではなく、コミュニケーションの質の部分にエネルギーを注ぐための基礎訓練です。

ここでは、シャドーイング、シンクロ・リーディング、音読を組み合わせた練習法を紹介します。これは東京大学大学院工学系研究科の峯松研究室で開発された方法です。

　この練習法では、1つのモデル音声に対して右下の**6つの手順**をふみます。各手順で発音した自分の音声を録音して6種類の音声を比較すると、どのような力がついているかを測ることができます。峯松研究室では、この比較が自動で簡単にできるシステムが作られています。

　まずは**テキストの英文を見ずに**、シャドーイングをすることが重要です。シャドーイングしたときの音声（1～3回目）[S1、2、3] を、英文を見ながら、さらに音源も聞きながらシンクロ・リーディングしたときの音声 [SR] と比較しましょう。回数を重ねるごとに、「①音声を**聞き取る力**」がついていく様子に気づくはずです。

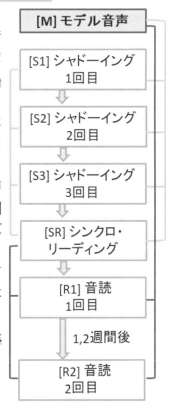

　次に、シンクロ・リーディングしたときの音声 [SR] をモデル音声である音源 [M] と比較しましょう。すると、今度は「②お手本を**模倣する力**」を測ることができます。シンクロ・リーディングした音声 [SR] がモデル音声 [M] と極端に異なる方は、自己流の英語発音が定着してしまっている可能性があります。

　モデル音声を聞かずに音読したときの音声 [R1] をシンクロ・リーディングした音声 [SR] と比較すると、モデル音声なしでも自力でリズムよく読めるかどうかが測れます。

　[R2] は [R1] が終わってから1、2週間経ってから再度音読した音声です。時間が経ってもなお [R2] が [M] に近い音ならばベストです。そうなれば「③**お手本がなくても英語らしく読み上げる力**」がついていることになります。

なぜシャドーイング
すべきなのか?

文／**峯松信明**（東京大学大学院工学系研究科教授）

元来、人間の脳はモノマネが上手！

シャドーイングとは「モデル音声を聞きながら、遅れずに復唱する」という訓練方法です。本書では、テキストを見ずに3回シャドーし、その後でテキストを見てもらうことにしています（*p.*11 のチャート参照）。慣れないうちは、うまく聞き取れず、モゴモゴとシャドーイングする人が多いでしょう。しかし、相手が発した音声を自分が真似するのは（犬の遠吠えなどの例外を除けば）人間にしかできない離れ業です。モゴモゴできるのは人間だけなのです。

人間は、相手の行為を見たときに、その行為を自分が実施しているかのような脳活動（ニューロンの発火現象）が同時に観測されます。これらのニューロン（脳神経細胞）は「物まねニューロン」や「ミラーニューロン」と呼ばれます。中でも相手の声に対して、自分がその内容を物まねする（してしまう）のは、人間の特質なのです。つまり、シャドーイングとは「相手の発話をミラーリングしている様子を声に出す」という訓練だと解釈すると、物まね上手である脳の特性を活かした訓練方法だとも言えるでしょう。モデル音声の後に復唱するリピーティングだけでは、せっかくの脳の特性を活かし損ねてしまいます。もったいないので、どんどんシャドーイングしましょう。

英語音声を直接シャドーイングしよう！

日本語と英語は、音（素）の種類、単語のアクセント、イントネーション、リズム、さらには、呼気の出し方など、発声方式が様々なレベルで異なります。また、日本語には仮名という便利な表音文字が存在するため、動物の鳴き声（ニャーニャーなど）も階段を降りる様子（ドタバタ）も、音は何でも文字

化できてしまいます。日本語は擬音語・擬態語が非常に豊富な言語です。

　読者の中には、英語の音声も（無意識的に）カタカナに文字化して聞いている人も多いのではないでしょうか？　あるいは単語の発音をカタカナ発音で覚えている方も多いことでしょう。これは、日本語という言葉の枠組みの中に英語の音を取り入れ、記憶していることを意味します。このままだといつまでたっても日本語の発声方式から抜け出せません。①「聞き取る力」を測るためには、[Sn] も [SR] もカタカナ発音で問題ないですが、②「模倣する力」をつけるためには、発音、アクセント、イントネーション、リズムなど**英語の音をダイレクトに感じ、ミラーしてシャドーイングする**よう心がけましょう。

 ## モデル音声なしでも流暢に読み上げよう！

　「単語を個別に発声してもらうと聞き取れるけど、文単位で発声されると単語の境目がわからず、聞き取れない」。学習者の誰もが一度はこうした経験をしたことでしょう。実は日本語よりも英語の方が文単位で発声したとき、単語の境界が（音として）不明瞭になります。なので、わかりにくいのはみなさんのせいではなく、英語の特徴のせいなのです。逆に日本語学習者の方は「日本語の聞き取りは難しくない」と言います。彼らがうらやましいですね。

　英語の場合、結局、リスニングの際に音の流れの中から単語を発見する訓練が必要になります。シャドーイングを 3 回くり返した後に、テキストを見ると、「なーんだ、そう言ってたんだ」とつぶやくことが何度も起きるでしょう。個々の単語の発音以上に、音が連なったときの発音をしっかり身につけ、音の流れの中から「お宝」を発見できる耳を目指しましょう。とにかく、最初にテキストを見ずに行うシャドーイングと、テキストを見ながら声に出すシンクロ・リーディングの音声がほぼ同じになることが、本書における目標です。

　シャドーイングが上手になっても、お手本となるモデル音声がないと「あれ？」と思うぐらい発音が日本語に戻ってしまう人がいます。英会話のためには、テキストを見ただけで流暢な英語音声が心の中に聞こえてくる、そういう状態を目指すべきです。そうなって初めて「英語の発声方式が身についた」と言えるでしょう。本書を通して、英語の音や発声方式を身近なものにしてください。

音声を聞くには？

音声をスマートフォンや PC で、簡単に聞くことができます。

方法1 パソコンで音声ダウンロードする場合

パソコンで mp3 音声をダウンロードして、スマホなどに取り込むことも可能です。

（スマホなどへの取り込み方法はデバイスによって異なります）

1 下記のサイトにアクセス

https://www.cosmopier.com/
download/4864541930

2 中央のボタンをクリックする

音声は PC の一括ダウンロード用圧縮ファイル（ZIP 形式）でご提供します。解凍してお使いください。

方法2 スマートフォンで聞く場合

ご利用の場合は下記のQRコードまたはURLより、スマートフォンにabceedのアプリ(無料)をダウンロードし、本書を検索してください。音声は再生スピード変更、シャッフル再生、区間リピート再生が可能です。

https://www.abceed.com/

* abceed は株式会社 Globee の
サービスです。（2024 年 6 月現在）

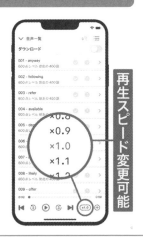

再生スピード変更可能

Step 1
1文 シャドーイング

まずは1音違うだけで意味が異なる語の10ペア
(子音5ペア、母音5ペア)を含んだ1文だけのシ
ャドーイングを30本行います。日本語にはない
英語特有の「音」に慣れましょう。

/b/ と /v/ の違いを知ろう！

Step 1は、1音違うだけで意味が異なる語のペアを含む1文のシャドーイングです。10ペアを取り上げます。p.11 の右下のチャートに従い、最初はテキストを見ずに、/b/ なのか /v/ なのか意識しながらシャドーイングをしてから、シンクロ・リーディングや音読も試してみましょう。2つの音を聞き分けられること、発音し分けられることを目標にしましょう。

---

❶ best - vest

This vest is best.

❷ boat - vote

Did they vote for the boat?

❸ cupboard - covered

The cupboard is covered with dust.

日本語訳

❶ 最高／ベスト　このベストは最高だ。
❷ ボート／投票　彼らはボートに投票したの？
❸ 食器棚／覆われた　食器棚がほこりで覆われている。

ペアとなる単語の発音記号は、下記のようになります。

❶ best /bést/　vest /vést/
❷ boat /bóʊt/　vote /vóʊt/
❸ cupboard /kʌ́bərd/　covered /kʌ́vərd/

リスニングのポイント

カタカナで表記するとどちらも「バ行」のように聞こえるかもしれませんが、/b/ よりも /v/ の方が比較的長く聞こえます。

発音のポイント

　/b/は、上下の唇①②（下図参照、以下同）を閉じて口の中で息をためてから急に出す**閉鎖音**もしくは**破裂音**です。口の中で息をためてから、一気に息を吐き出す感じで発音します。

　一方、/v/は下唇②と上の歯先⑤のすき間から息を出し続ける**摩擦音**です。ゆっくりと発音したときに、下唇に振動を感じることができるか、確認しましょう。

調音法 ＼ 調音位置		①②	②⑤	③⑥	③⑥	③⑦	④⑧	④⑨	⑩
閉鎖音 (破裂音)	無声	p			t			k	
	有声	(b)			d			g	
破擦音	無声					tʃ			
	有声					dʒ			
摩擦音	無声		f	θ	s	ʃ			h
	有声		(v)	ð	z	ʒ			
鼻音	有声	m			n			ŋ	
側音	有声				l				
接近音	有声	w			r		j	w	

① 上くちびる
② 下くちびる
③ 舌の先
④ 舌の奥
⑤ 上歯の先
⑥ 歯の付け根
⑦ ⑥の後ろ
⑧ 上あご（硬いところ）
⑨ 上あごの奥（軟らかいとこ
⑩ のどの奥

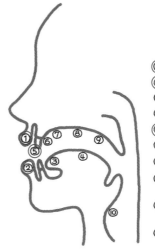

/l/ と /r/ の違いを知ろう！

多くの日本人が苦手とする /l/ と /r/ の聞き分けと、発音の練習です。/l/ は /n/ と音を出す位置が同じである点、/r/ は唇を突き出して丸めると音を出しやすい点も要チェックです。

---

4 **light - right**

There is a light on the right.

5 **late - rate**

Never be late at any rate.

6 **glass - grass**

Leave the glass on the grass.

日本語訳

4 光、ライト／右　右側にライトがあります。
5 遅い／割合　とにかく遅刻しないでくださいよ。
6 グラス／草　グラスを草の上に置いてね。

ペアとなる単語の発音記号は、下記のようになります。

❹ light /láɪt/　right /ráɪt/
❺ late /léɪt/　rate /réɪt/
❻ glass /glæs/　grass /græs/

リスニングのポイント

　どちらも「ラ行」のように聞こえるかもしれませんが、/l/ よりも /r/ の方が比較的こもった音に聞こえます。

発音のポイント

　/l/は、舌の先③を歯の付け根⑥とその後ろ⑦あたりに押し当てて、息を舌の両側から出す音です。下の表のとおり /n/ と音を出す位置が同じなので、鼻をつまんで息が鼻に抜けないようにしながら night と発音すると、light に近い音になります。

　/r/は、舌の先③を持ち上げて、歯の付け根⑥とその後ろ⑦あたりに接近させて出す音です。唇を突き出して丸めると音を出しやすくなります。

調音法＼調音位置		①②	②⑤	③⑤	③⑥	③⑦	④⑧	④⑨	⑩
閉鎖音 (破裂音)	無声	p			t			k	
	有声	b			d			g	
破擦音	無声				tʃ				
	有声				dʒ				
摩擦音	無声		f	θ	s	ʃ			h
	有声		v	ð	z	ʒ			
鼻音	有声	m			n			ŋ	
側音	有声				l				
接近音	有声	w			r		j	w	

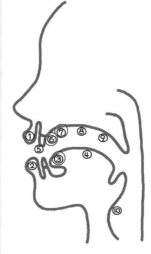

① 上くちびる
② 下くちびる
③ 舌の先
④ 舌の奥
⑤ 上歯の先
⑥ 歯の付け根
⑦ ⑥の後ろ
⑧ 上あご（硬いところ）
⑨ 上あごの奥（軟らかいとこ
⑩ のどの奥

/s/ と /θ/ の違いを知ろう！

今回のテーマは /s/ と /θ/ の聞き分けと、発音の練習です。テキストを見ずに、どちらの音が聞こえているか意識しながらシャドーイングに挑みましょう。まずは2つの音を聞き分けられるように。

---

7 sin - thin

Being thin is no sin.

8 saw - thaw

We saw it thaw.

9 tense - tenth

The tenth match was very tense.

日本語訳

7 罪／薄い、やせた　やせていることは罪ではない。

8 見た。see の過去形／溶ける　私たちはそれが溶けるのを見た。

9 緊張した／第10の　第10試合は非常に緊張した。

ペアとなる単語の発音記号は、下記のようになります。

❼ sin /sín/　thin /θín/
❽ saw /sɔ́ː/　thaw /θɔ́ː/
❾ tense /téns/　tenth /ténθ/

リスニングのポイント

　どちらも「サ行」のように聞こえるかもしれませんが、/s/ の方が /θ/ よりも比較的長く聞こえます。

発音のポイント

　/s/は舌の先③と歯の付け根⑥のすき間から息が抜けるときの摩擦の音です。特に、直後に /iː/ や /ɪ/ が続くとき、カタカナの「シ」にならないように注意しましょう。「シ」よりも舌先を少しだけ前に出すと発音しやすくなります。

　一方、/θ/は舌の先③と上歯の先⑤のすき間から息が抜けるときの摩擦の音です。最初のうちは右図のように大げさに舌を前に出すと感覚がつかみやすくなります。

調音法 ＼ 調音位置	①②	②⑤	③⑤	③⑥	③⑦	④⑧	④⑨	⑩
閉鎖音(破裂音) 無声	p			t		k		
閉鎖音(破裂音) 有声	b			d		g		
破擦音 無声					tʃ			
破擦音 有声					dʒ			
摩擦音 無声		f	θ	s	ʃ		h	
摩擦音 有声		v	ð	z	ʒ			
鼻音 有声	m			n		ŋ		
側音 有声				l				
接近音 有声	w			r		j	w	

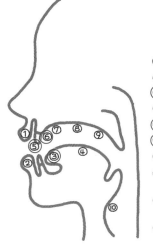

① 上くちびる
② 下くちびる
③ 舌の先
④ 舌の奥
⑤ 上歯の先
⑥ 歯の付け根
⑦ ⑥の後ろ
⑧ 上あご（硬いところ）
⑨ 上あごの奥（軟らかいところ）
⑩ のどの奥

/s/ と /ʃ/ の違いを知ろう！

今回のテーマは /s/ と /ʃ/ の聞き分けと、発音の練習です。テキストを見ずに、どちらの音が聞こえているか意識しながらシャドーイングに挑みましょう。まずは 2 つの音を聞き分けられるように。

---

⑩ seat - sheet

Put a sheet on the seat.

⑪ sip - ship

Let's sip drinks on the ship.

⑫ classes - clashes

There were clashes between the social classes.

日本語訳

⑩ 座席、腰かけ／敷布、張り紙　敷布を座席に乗せて。
⑪ 少しずつ飲む／船　船上でお酒をちびちび飲もう。
⑫ class（学級、階級）の複数形／clash（衝突）の複数形　社会階級の間で衝突があった。

ペアとなる単語の発音記号は、下記のようになります。

⑩ seat /síːt/　sheet /ʃíːt/
⑪ sip /síp/　ship /ʃíp/
⑫ classes /klǽsɪz/　clashes /klǽʃɪz/

リスニングのポイント

　直後に /iː/ や /ɪ/ が続くとき、どちらも「シ」のように聞こえるかもしれませんが、/s/ よりも /ʃ/ の方が比較的こもった音に聞こえます。

発音のポイント

　/s/は、舌の先③と歯の付け根⑥のすき間から息が抜けるときの摩擦の音です。カタカナの「シ」よりも舌先が少しだけ前に出ます。

③⑥

　一方、/ʃ/は舌の先③と、歯の付け根よりも後ろ⑦のすき間から息が抜けるときの摩擦の音です。最初のうちは右図のように唇を丸めると感覚をつかみやすくなります。

③⑦

調音法＼調音位置		①②	②⑤	③⑤	③⑥	③⑦	④⑧	④⑨	⑩
閉鎖音（破裂音）	無声	p			t			k	
	有声	b			d			g	
破擦音	無声					tʃ			
	有声					dʒ			
摩擦音	無声		f	θ	s	ʃ			h
	有声		v	ð	z	ʒ			
鼻音	有声	m			n			ŋ	
側音	有声				l				
接近音	有声	w			r		j	w	

① 上くちびる
② 下くちびる
③ 舌の先
④ 舌の奥
⑤ 上歯の先
⑥ 歯の付け根
⑦ ⑥の後ろ
⑧ 上あご（硬いところ）
⑨ 上あごの奥（軟らかいとこ
⑩ のどの奥

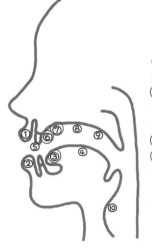

/z/ と /ð/ の違いを知ろう！

子音のペアの最後は /z/ と /ð/ の聞き分けと、発音の練習です。テキストを見ずに、どちらの音が聞こえているか意識しながらシャドーイングをした後で、テキストを見て確認しながらシンクロ・リーディング、音読に進みましょう。まずは2つの音を聞き分けられるように。

⑬ Zen - then

It was then that they studied Zen.

⑭ teasing - teething

Stop teasing her; she's teething!

⑮ bays - bathe

Can you bathe in both bays?

日本語訳

⑬ 禅／それから　彼らが禅を学んだのはそのときだった。
⑭ からかうこと／歯が生えること　彼女をからかうのはやめろ。彼女は歯が生えかけているんだから！
⑮ 湾／入浴する　両方の湾で入浴できる？

ペアとなる単語の発音記号は、下記のようになります。

⓭ Zen /zén/　then /ðén/
⓮ teasing /tíːzɪŋ/　teething /tíːðɪŋ/
⓯ bays /béɪz/　bathe /béɪð/

リスニングのポイント

　どちらも「ザ行」のように聞こえるかもしれませんが、/z/の方が、/ð/よりも比較的長く聞こえます。

発音のポイント

　/z/は、舌の先③と歯の付け根⑥のすき間から息が抜けるときの摩擦の音です。特に、直後に /iː/ や /ɪ/ が続くとき、カタカナの「ジ」にならないように注意しましょう。「ジ」よりも舌先を少しだけ前に出すと発音しやすくなります。

　一方、/ð/は舌の先③と上歯の先⑤のすき間から息が抜けるときの摩擦の音です。最初のうちは右図のように大げさに舌を前に出すと感覚がつかみやすくなります。

調音法＼調音位置		①②	②⑤	⑤⑤	③⑥	③⑦	④⑧	④⑨	⑩
閉鎖音（破裂音）	無声	p			t			k	
	有声	b			d			g	
破擦音	無声					tʃ			
	有声					dʒ			
摩擦音	無声		f	θ	s	ʃ			h
	有声		v	ð	z	ʒ			
鼻音	有声	m			n			ŋ	
側音	有声				l				
接近音	有声	w			r		j	w	

① 上くちびる
② 下くちびる
③ 舌の先
④ 舌の奥
⑤ 上歯の先
⑥ 歯の付け根
⑦ ⑥の後ろ
⑧ 上あご（硬いところ）
⑨ 上あごの奥（軟らかいところ）
⑩ のどの奥

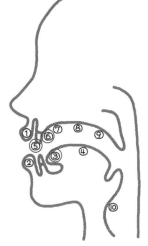

/e/ と /eɪ/ の違いを知ろう！

ここから先は母音のペアを５つ取り上げます。まずは比較的聞き分けるのが容易な /e/ と /eɪ/ の違いからです。単母音と二重母音の違いについてもここで理解しておきましょう。

⑯ tell - tale
Please tell me an exciting tale.

⑰ wet - wait
Don't wait while you're wet.

⑱ debt - date
We must pay our debt by that date.

日本語訳

⑯ 話す、伝える／物語　面白い話を教えて。
⑰ 濡れた／待つ　濡れたまま待たないで。
⑱ 借金／日付　私たちはその日までに借金を返済しないといけない。

26

ペアとなる単語の発音記号は、下記のようになります。

❶ tell /tél/　tale /téɪl/
❷ wet /wét/　wait /wéɪt/
❸ debt /dét/　date /déɪt/

リスニングのポイント

　「エ」と「エー」のような長さの違いのように聞こえるかもしれませんが、持続時間よりも、音質が変化していることの方が重要です。

発音のポイント

　/e/は、音の出し始めから出し終わりまで口の構えが変化しない**単母音**です。下の図で/e/はカタカナの「エ」よりも少しだけ左下に表示されているように、「エ」よりも口の横幅が少し広く、口の縦幅が少しだけ大きくなります。もっともカタカナの「エ」のまま発音しても大きな問題は起こりません。

　/eɪ/は、音質が前半から後半にかけて移っていく**二重母音**です。前半の音が後半よりも強く長くなる点が重要です。また日本語で「エイ」は「エ」と「イ」という音に分けられますが/eɪ/はこれで１つの音素と見なされます。

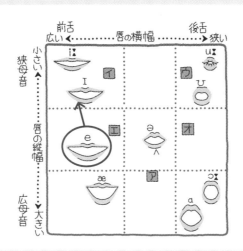

※アイウエオはカタカナの音を表します。

/e/ と /æ/ の違いを知ろう!

今回のテーマは /e/ と /æ/ の聞き分けと、発音の練習です。特にカタカナの「エ」よりも口の縦幅が大きく、カタカナの「ア」よりも口の横幅が広い /æ/ の音色をここでしっかりと理解してください。

⑲ bed - bad

This bed is bad.

⑳ guess - gas

I guess they want gas.

㉑ said - sad

What she said made me sad.

日本語訳

⑲ ベッド／悪い　このベッドは良くない。
⑳ 思う、推測する／ガス　彼らはガスが欲しいと思う。
㉑ 言った、say の過去形／悲しい　彼女が言ったことが私を悲しくさせた。

ペアとなる単語の発音記号は、下記のようになります。

⑲ bed /béd/　bad /bǽd/
⑳ guess /gés/　gas /gǽs/
㉑ said /séd/　sad /sǽd/

リスニングのポイント

　どちらも「エ」のように聞こえるかもしれませんが、/e/ よりも /æ/ の方が日本語の「ア」に近い音に聞こえます。

発音のポイント

　/e/ は下の図でカタカナの「エ」よりも少しだけ左下に表示されているように「エ」よりも口の横幅が少し広く、口の縦幅が少しだけ大きくなります。もっともカタカナの「エ」のまま発音しても大きな問題は起こりません。

　/æ/ は下の図でカタカナの「エ」よりも下の方に表示されているように、「エ」よりも口の縦幅が大きくなる音です。または「ア」よりも左の方に表示されているように「ア」よりも口の横幅が広くなる音です。日本語の「エ」と同じぐらいの口の横幅で、縦幅を「ア」ぐらいまで開けて発音してみましょう。

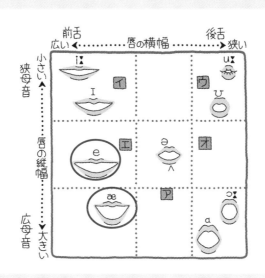

※アイウエオはカタカナの音を表します。

/æ/ と /ʌ/ の違いを知ろう！

今回のテーマは /æ/ と /ʌ/ の聞き分けと、発音の練習です。テキストを見ずに、どちらの音が聞こえているか意識しながらシャドーイングをした後で、テキストを見て確認しながらシンクロ・リーディング、音読に進みましょう。まずは 2 つの音を聞き分けられるように。

㉒ hat - hut

My hat is in the hut.

㉓ paddle - puddle

Ducks paddle in the puddle.

㉔ batter - butter

Put butter in the batter.

日本語訳

㉒ 帽子／小屋、あばら屋　私の帽子は小屋にある。
㉓ こぐ、（犬かきで）泳ぐ／水たまり　水たまりでカモが泳ぐ。
㉔ 打者、衣、生地／バター　バターを生地に入れてください。

※右図の中で/ʌ/の近くに示されている/ə/は「アイウエオ」のどの音にも聞こえる「あいまい母音」です。Step 2以降で、まとまった文を聞き取る際や、英語らしいリズムを保ちながら話す際に重要な音になります。

ペアとなる単語の発音記号は、下記のようになります。

㉒　hat /hǽt/　hut /hʌ́t/

㉓　paddle /pǽdl/　puddle /pʌ́dl/

㉔　batter /bǽtər/　butter /bʌ́tər/

リスニングのポイント

　どちらも「ア」のように聞こえるかもしれませんが、/æ/の方が、/ʌ/よりも比較的長く聞こえます。

発音のポイント

　/æ/ は下の図でカタカナの「エ」よりも下の方に表示されているように、「エ」よりも口の縦幅が大きくなる音です。または「ア」よりも左の方に表示されているように「ア」よりも口の横幅が広くなる音です。日本語の「エ」と同じぐらいの口の横幅で、縦幅を「ア」ぐらいまで開けて発音してみましょう。

　/ʌ/ は下の図でカタカナの「エ」「ア」「オ」の中間あたりに表示されているように、口の縦横幅が大きくも広くもならない音です。/ʌ/ を単独で発音すると何かを急に思い出したときに**ひとりごとで「アッ」と言うときのような音**になります。

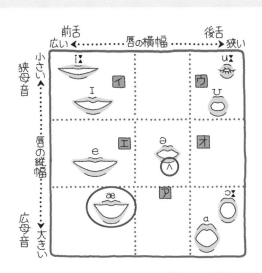

※アイウエオはカタカナの音を表します。

/ʌ/ と /ɑ/ の違いを知ろう！

今回のテーマは /ʌ/ と /ɑ/ の聞き分けと、発音の練習です。テキストを見ずに、どちらの音が聞こえているか意識しながらシャドーイングに挑んでから、シンクロ・リーディングで文字を確認しながら発音しましょう。まずは 2 つの音を聞き分けられるように。

㉕ nut - not

I hope that's not a nut.

㉖ cup - cop

Hand this cup to the cop.

㉗ duck - dock

Is that a duck on the dock?

日本語訳

㉕ 木の実／～でない　それが木の実ではないことを願う。
㉖ コップ／警察官　このコップを警官に渡してください。
㉗ アヒル／波止場、桟橋　それは波止場のアヒルですか？

ペアとなる単語の発音記号は、下記のようになります。

㉕　nut /nʌ́t/　not /nɑ́t/
㉖　cup /kʌ́p/　cop /kɑ́p/
㉗　duck /dʌ́k/　dock /dɑ́k/

リスニングのポイント

/ɑ/ は"o"とつづられることが多いですが、ローマ字読みで「ノット」「コップ」「ドック」と聞こえてくることを想像していると、聞き取りが難しくなります。アメリカ英語で /ɑ/ は「オ」よりも「ア」に近いので /ʌ/ も /ɑ/ も「ア」のように聞こえるかもしれませんが、/ʌ/ の方が /ɑ/ よりも比較的短く聞こえます。

発音のポイント

/ʌ/ は下の図でカタカナの「エ」「ア」「オ」の中間あたりに表示されているように、口の縦横幅が大きくも広くもならない音です。/ʌ/ を単独で発音すると何かを急に思い出したとき**ひとりごとで「アッ」と言うときのような音**になります。

/ɑ/ は下の図でカタカナの「ア」の右下に表示されているように「ア」よりも口の横幅が狭く、縦幅が大きくなる音です。口の縦幅を目一杯まで大きくして発音してみましょう。

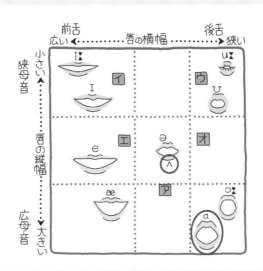

※ア イ ウ エ オはカタカナの音を表します。

/ɑ/ と /oʊ/ の違いを知ろう！

母音編の最後は /ɑ/ と /oʊ/ の聞き分けと、発音の練習です。単母音と二重母音のため聞き分けは比較的容易かもしれません。しかし、音の長さの違いではなく、音質が変化している点により注目しましょう。

㉘ hop - hope

I hope you can hop.

㉙ got - goat

Who's got your goat?

㉚ clock - cloak

Hang the cloak under the clock.

日本語訳

㉘ 飛び越す／願う　あなたが飛び越せるように願うよ。
㉙ 手に入れた。get の過去形／ヤギ　誰があなたのヤギを手に入れたの？
㉚ 時計、掛け時計／外套、マント　マントを時計の下に掛けてください。

ペアとなる単語の発音記号は、下記のようになります。

❷❽ hop /hάp/　hope /hóʊp/

❷❾ got /gάt/　goat /góʊt/

❸⓪ clock /klάk/　cloak /klóʊk/

リスニングのポイント

　「オ」と「オー」のように違う長さの音に聞こえるかもしれませんが、持続時間よりも、音質が変化していることの方が重要です。

発音のポイント

　/ɑ/ は音の出し始めから出し終わりまで口の構えが変化しない**単母音**です。下の図でカタカナの「ア」の右下に表示されているように「ア」よりも口の横幅が狭く、縦幅が大きくなる音です。口の縦幅を目一杯まで大きくして発音してみましょう。

　/oʊ/は音質が前半から後半にかけて移っていく**二重母音**です。前半の音が後半よりも強く長くなる点が重要です。日本語で「オウ」は「オ」と「ウ」という音に分けられますが、/oʊ/はこれで1つの音素と見なされます。

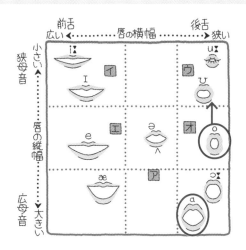

※ア イ ウ エ オはカタカナの音を表します。

子音の発音を決める３つの要素とは？

　子音がどのように発音されるかを決めるのは、調音位置、調音法、有声・無声の３要素です。なお、調音とは舌・唇などの動かし方によって言語音を作りだすことです。

　まず調音位置は、各子音が「口のなかのどこで発音されるか」を表します。下の図表では①〜⑩の記号で示されています。例えば、①上くちびると②下くちびるを使って発音する音には /p, b, m, w/ があることがわかります。調音位置は、調音点、調音部位とも呼ばれます。

　次に調音法とは、「息の流れをどのように妨げることによって発音されるか」を表します。例えば、/p, b/ は①上くちびると②下くちびるでいったん息の流れを止めてから一気に開放して発音する閉鎖音（破裂音）、/m/ は①②で息の流れを止めて鼻に響かせる鼻音、/w/ は①と②、④と⑨をそれぞれ接近させて音を出す接近音です。

　有声・無声の違いは、「声帯の振動を伴うかどうか」を表します。カタカナで「濁点」がつくかどうか、と考えるとわかりやすいはずです。英語の音素の中で有声音・無声音に分けることができるのは、閉鎖音・破擦音・摩擦音だけです。

調音位置 調音法		① ②	② ⑤	③ ⑤	③ ⑥	③ ⑦	④ ⑧	④ ⑨	⑩
閉鎖音 （破裂音）	無声	p			t			k	
	有声	b			d			g	
破擦音	無声					tʃ			
	有声					dʒ			
摩擦音	無声		f	θ	s	ʃ			h
	有声		v	ð	z	ʒ			
鼻音	有声	m			n			ŋ	
側音	有声				l				
接近音	有声	w				r	j	w	

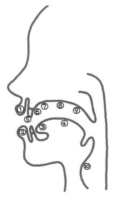

① 上くちびる
② 下くちびる
③ 舌の先
④ 舌の奥
⑤ 上歯の先
⑥ 歯の付け根
⑦ ⑥の後ろ
⑧ 上あご（硬いところ）
⑨ 上あごの奥（軟らかいところ）
⑩ のどの奥

Step 2
3文シャドーイング

Step 2では、センテンスが3つに増えます。言葉を自然に話すために、音と音をつなげたり、省略したり、別の音に置き換えて発音したりする、4種類の音声変化にフォーカスした30本を取り上げます。効率よく「省エネ」で話す方法をここで学びましょう。

つながる音に注目しよう！①

Step 2 では、4種類の音声変化を取り上げます。音源では練習のため、変化する部分を強調していますが、こうした音声変化は必ずしも毎回起こるわけではない点も覚えておきましょう。

31 **Come on in.**

Please have a seat.

Would you like some oranges?

32 **It's OK.**

I know it was an accident.

Make sure it doesn't happen again.

33 **Take it easy.**

Don't worry about it.

I know you will make it right.

日本語訳

㉛ どうぞいらっしゃい。どうぞお座りください。オレンジはいかがです？
㉜ 大丈夫。事故だったことはわかっていますから。二度と起こらないようにしてくださいね。
㉝ 落ち着いて。ご心配なく。あなたは上手くやるとわかっているので。

子音やr音性母音（r音のような音色を備えた母音）の後ろに母音や/j/の音が続くと、２つの音がつながって聞こえます。このような現象を**連結**と呼びます。例えばCome on in. では、Come_on_in. のように「_」の印がある部分がすべてつながって、３つの語が１つのかたまりのように聞こえます。

左の英文の連結した部分を「_」で表すと下記のようになります（以下同）。

1文目：Come_on_in.
/kʌ́m_ɑn_ìn/

2文目：Please have_a seat.
/plíːz hǽv_ə síːt/

3文目：Would_you like some_oranges?
/wəd_ju láɪk səm_ɔ́ːrɪndʒɪz/

1文目：It's_OK.
/ɪts_oʊkéɪ/

2文目：I know it was_an_accident.
/aɪ nóʊ ɪt wəz_ən_ǽksɪdənt/

3文目：Make sure_it doesn't happen_again.
/méɪk ʃʊ́ər_ɪt dʌ́znt hǽpən_əgén/

３文とも前の単語と it が連結している点にも注目しましょう。

1文目：Take_it_easy.
/téɪk_ɪt_íːzi/

2文目：Don't worry about_it.
/dóʊnt wɔ́ːri əbaʊt_ɪt/

3文目：I know you will make_it right.
/aɪ nóʊ ju wəl méɪk_ɪt ráɪt/

つながる音に注目しよう！②

引き続き、つながって聞こえる音の練習です。連結した音を単語に分けて聞き取る練習は、2ページ で紹介したプロセスのうち、[L2] の「音素の集まりをどのように区切れば英単語になるか」の目星をつけるのに役立ちます。音声をよく聞いて慣れましょう。

34 Class is over.

Remember, there is an exam tomorrow.

It's an important one.

35 Please help us.

We lost our way.

Can we take a taxi?

36 That was an enjoyable meal.

Dinner is on me.

Shall I get some ice cream for you?

日本語訳

34 授業は終わり。明日試験があることを忘れないでね。重要ですから。

35 助けてください。私たち、道に迷ってしまったんです。タクシーに乗れますか？

36 楽しい食事だったよ。夕食は私のおごりね。アイスクリームを買ってこようか？

1文目：Class_is_over.
/klǽs_ɪz_óʊvər/

2文目：Remember, there_is_an_exam tomorrow.
/rɪmémbər ðéər_ɪz_ən_ɪgzǽm təmɑ́roʊ/

3文目：It's_an_important one.
/ɪts_ən_ɪmpɔ́ːrtənt wʌ́n/

なお、one の語頭 /w/ は母音ではないので、important と one の間で連結は起こりません。

1文目：Please help_us.
/plíːz hélp_əs/

2文目：We lost_our way.
/wi lɔ́ːst_aʊər wéɪ/

3文目：Can we take_a taxi?
/kən wi téɪk_ə tǽksi/

1文目：That was_an_enjoyable meal.
/ðæt wəz_ən_ɪndʒɔ́ɪəbl míːl/

2文目：Dinner_is_on me.
/dínər_ɪz_ɑn mì/

3文目：Shall_I get some_ice cream for you?
/ʃəl_aɪ gét səm_áɪs krìːm fər júː/

消える音に注目しよう！①

4種類の音声変化の2つ目は聞こえにくくなる音で、「脱落」と呼ばれます。文字を見てシンクロ・リーディングをする前に、まずはシャドーイングで、聞こえない音を補いながら文を理解する力をつけましょう。

㊲ I heard you asked her out.

I hope it goes well.

Good luck!

㊳ Not too bad.

But it was a bit too long.

The first movie was better.

㊴ I know you feel anxious.

Don't be shy.

Just do your best.

日本語訳

㊲ 彼女をデートに誘ったんだって。うまくいくことを願っているよ。幸運を！
㊳ 悪くはない。でもちょっと長過ぎたね。最初の映画の方が良かった。
㊴ あなたが不安を感じているのはわかってる。恥ずかしがらないで。最善を尽くしてね。

閉鎖音や摩擦音（17ページ参照）が前後に続くときや、文末にあるとき、音が聞こえにくくなることがあります。このような現象を**脱落**と呼びます。例えば I heard you asked her out. では、I heard you as(k)ed (h)er out.のように、(カッコ)で示した音が聞こえなくなっています。

 左の英文の脱落した部分を（　）で表すと下記のようになります（以下同）。

37

1文目：I heard you as(k)ed (h)er out.
　　　　/aɪ hə́:rd ju ǽs(k)t (h)ər áʊt/

2文目：I hope i(t) goes well.
　　　　/aɪ hóʊp ɪ(t) góʊz wél/

3文目：Goo(d) luck!
　　　　/gʊ́(d) lʌ́k/

38

1文目：No(t) too bad.
　　　　/nɑ́(t) tú: bǽd/

2文目：But i(t) was a bi(t) too long.
　　　　/bət ɪ(t) wəz ə bí(t) tú: lɔ́:ŋ/

3文目：The firs(t) movie was better.
　　　　/ðə fə́:rs(t) mú:vi wəz bétər/

39

1文目：I know you feel an(x)ious.
　　　　/aɪ nóʊ ju fí:l ǽŋ(k)ʃəs/

2文目：Don'(t) be shy.
　　　　/dóʊn(t) bi ʃáɪ/

3文目：Jus(t) do your best.
　　　　/ʤʌ́s(t) dú: jər bést/

消える音に注目しよう！②

引き続き「脱落」のシャドーイング練習です。語末が聞こえにくくなる場合が多いのですが、語頭や語中でも脱落が起こる点にも注意しましょう。音が聞こえない部分にある一瞬の空白をヒントに、頭の中で音を補いながらまずはシャドーイングしてから、シンクロ・リーディングに進みましょう。

㊵ Take that racket.

Hold it tightly.

Bend both your knees and swing.

㊶ Point to the correct picture.

Nice try, but that's not the correct one.

Please wear your glasses for the next test.

㊷ I don't like it.

Can I have something less spicy?

I'm allergic to pepper.

日本語訳

㊵ そのラケットを取って。しっかりと持って。両膝を曲げて（ラケットを）振ってください。

㊶ 正しい絵を指さしてください。惜しいですけど、それは正しい絵ではありませんね。次の検査ではメガネを着用してください。

㊷ それは好きではないですね。辛さを抑えたものをいただけますか？　胡椒アレルギーなもので。

40

1文目 : Ta(ke) tha(t) racket.
/téɪ(k) ðǽ(t) rǽkət/

2文目 : Hold i(t) tigh(t)ly.
/hóʊld ɪ(t) táɪ(t)li/

3文目 : Ben(d) both your knees an(d) swing.
/bén(d) bóʊθ jər níːz ən(d) swíŋ/

41

1文目 : Poin(t) to the correc(t) pi(c)ture.
/pɔ́ɪn(t) tə ðə kərék(t) pí(k)tʃər/

2文目 : Nice try, bu(t) that's no(t) the correc(t) one.
/náɪs tráɪ bə(t) ðæts nɑ́(t) ðə kərék(t) wʌ́n/

3文目 : Please wear your glasses for the nex(t) test.
/plíːz wéər jər glǽsɪz fər ðə néks(t) tést/

42

1文目 : I don'(t) like it.
/aɪ dóʊn(t) láɪk ɪt/

2文目 : Can I have something le(ss) spicy?
/kən aɪ hǽv sʌ́mθɪŋ lé(s) spáɪsi/

3文目 : I'm allergi(c) to pepper.
/aɪm ələ́ːrdʒɪ(k) tə pépər/

別の音に化ける音に注目しよう！①

4種類の音声変化の3つ目は「同化」と呼ばれる、別の音に化ける音です。ここでは、特定の子音とyouのような語頭の /j/ が混ざり合うパターンを中心に取り上げます。このパターンは歌などでもよく起こるので聞き覚えがあるでしょう。

43 It was a close game last year.

But you weren't well prepared to win.

I bet you can do better this time.

44 Who told you that?

Did you actually believe it?

And you were silly enough to do it?

45 I guess you have to go now.

I'll miss you.

Here is my number in case you get lost.

日本語訳

㊸ 昨年は接戦だった。しかし、君は勝つ準備ができていなかった。今回はもっとうまくやれるに違いないさ。

㊹ 誰が君にそれを言ったの？ 本当にそれを信じたんだ？ 君ってそれをやっちゃうぐらい愚かだったの？

㊺ 君はもう行かないといけないようだね。寂しくなるな。道に迷った場合に備えて、ここに私の番号を渡しておこう。

特定の子音をつなげて発音すると前後の音が影響し合って、別の子音のように聞こえることがあります。このような現象を**同化**と呼びます。

/t/や/d/の直後に/j/の音が続くと、音が混ざり合い/tʃ/や/dʒ/のように聞こえることがあります。例えばlast yearは/lǽst jíər/ではなく/lǽstʃíər/のように赤字の部分が変化します。また/s/や/z/の直後に/j/の音が続くとき、/ʃ/や/ʒ/のように聞こえることがあります。例えば guess youでは/gés ju/ ではなく、/géʃu/のように、赤字の部分が変化します。

左の英文の同化した部分を赤字で表すと下記のようになります (以下同)。

43

1文目 : It was a close game last year.
/ɪt wəz ə klóʊs géɪm lǽstʃíər/

2文目 : But you weren't well prepared to win.
/bətʃu wɔ́ːrnt wél prɪpéərd tə wín/

3文目 : I bet you can do better this time.
/aɪ bétʃu kən dúː bétər ðɪs táɪm/

44

1文目 : Who told you that?
/húː tóʊldʒu ðǽt/

2文目 : Did you actually believe it?
/dɪdʒu ǽktʃuəli bɪlíːv ɪt/

3文目 : And you were silly enough to do it?
/əndʒu wər síli ɪnʌ́f tə dúː ɪt/

45

1文目 : I guess you have to go now.
/aɪ géʃu hǽf tə góʊ náʊ/

2文目 : I'll miss you.
/aɪl míʃu/

3文目 : Here is my number in case you get lost.
/híər ɪz maɪ nʌ́mbər ɪn kéɪʃu gét lɔ́ːst/

別の音に化ける音に注目しよう！②

ここでは /t/ の音が、カタカナの「ラ行」や「ナ行」のように聞こえる現象などについても取り上げます（「レリゴー」の愛称で親しまれる「アナと雪の女王」の主題歌 Let It Go を思い出してください）。

46 Finish the task as soon as you can.

Raise your hand if you have any questions.

Sorry, what was your question?

47 We went together last Saturday.

It wasn't cold at all.

We took a lot of photos there.

48 I wanted to try a new job.

I found a job posting on the internet.

I have a job interview next week.

日本語訳

㊻ できるだけ早く業務を完了してください。質問があれば挙手してください。申し訳ありませんが、あなたの質問は何でしたか？

㊼ 私たちは先週の土曜日に一緒に行ったよ。全然寒くなかった。そこでたくさんの写真を撮ったんだ。

㊽ 新しい仕事に挑戦したかったんだ。インターネットで求人情報を見つけた。来週面接なんだ。

/t/の音が強勢のある母音と強勢のない母音に挟まれたときにカタカナの「ラ行」のように聞こえることがあります。例えばSaturdayは/sǽtərdeɪ/ではなく/sǽɾərdeɪ/のように[ɾ]の印で示した部分が「ラ」のように聞こえます。この[ɾ]は**歯茎たたき音**または**歯茎はじき音**と呼ばれる音です。

さらに/t/の音が直前の/n/の音の影響を受けて[n]のように聞こえたり、/n/と/ð/の音が混ざり合って摩擦の音が聞こえなくなったりすることもあります。例えばwantedでは/wʌ́ntɪd/ではなく/wʌ́nnɪd/のように聞こえます。

1文目：Finish the task as soon as you can.
/fínɪʃ ðə tǽsk əz súːn əʒu kǽn/

2文目：Raise your hand if you have any questions.
/réɪʒər hǽnd ɪf ju hǽv əni kwésʧənz/

3文目：Sorry, what was your question?
/sári wʌ́t wəʒər kwésʧən/

赤字にした t の音に注目しましょう。

1文目：We went together last Saturday.
/wi wént təgéðər lǽst sǽɾərdeɪ/

2文目：It wasn't cold at all.
/ɪt wʌ́znt kóʊld ər ɔ́ːl/

3文目：We took a lot of photos there.
/wi tʊ́k ə lɑ́ɾ əv fóʊɾoʊz ðéər/

赤字にした t や th の音に注目しましょう。

1文目：I wanted to try a new job.
/aɪ wʌ́nnɪd tə trái ə núː ʤáb/

2文目：I found a job posting on the internet.
/aɪ fáʊnd ə ʤáb póʊstɪŋ ɑn ni ínnərnet/

3文目：I have a job interview next week.
/aɪ hǽv ə ʤáb ínnərvju nékst wíːk/

弱くなる音に注目しよう！①

4種類の音声変化の4つ目は「弱化」と呼ばれる、弱くなる音です。英語らしいリズムを保って発話するために起こる現象です。またここで「機能語」と「あいまい母音」についても理解しておきましょう。

49 **Some more coffee?**

Do you want cream or sugar?

Get a new cup from the cupboard.

50 **We have to finish it soon.**

Maybe we can ask him for help.

Let's go and see.

51 **It's kind of too late now.**

You should have done it earlier.

I will help you find another way.

日本語訳

49 コーヒーのおかわりは？　クリームと砂糖は入れますか？　食器棚から新しいカップを持って来て。
50 早く終わらせないと。彼に助けを求めることができるかもしれない。会いに行ってみよう。
51 ちょっと遅かったかな。もっと早くやっておけばよかったのに。別の方法を探すのを手伝おう。

前置詞・接続詞・助動詞・冠詞・関係詞などの文の内容に大きな影響を及ぼさない**機能語**の母音は、**あいまい母音**で発音されることが多くなります。あいまい母音とは、27ページの図の中央あたりに表示されている音で「アイウエオ」のどの音にも聞こえる弱い母音の/ə/です。例えば**㊾**のsomeの場合、強形の/sʌm/ではなく、弱形の/s{ə}m/と発音されているので、カタカナ英語の「サム」のように聞こえてくると考えていると、聞き取りが難しくなります。

左の英文の弱化した部分を { } で表すと下記のようになります (以下同)。

49

1文目：S{o}me more coffee?
/s{ə}m mɔ́ːr kɔ́ːfi/

2文目：Do y{ou} want cream {or} sugar?
/du j{u} wɑ́nt kríːm {ər} ʃúgər/

3文目：Get a new cup fr{o}m the cupboard.
/gét ə njúː kʌ́p fr{ə}m ðə kʌ́bərd/

50

1文目：We have t{o} finish it soon.
/wi hǽv t{u} fíniʃ it súːn/

2文目：Maybe we c{a}n ask him f{or} help.
/méibi wi k{ə}n ǽsk him f{ər} hélp/

3文目：Let's go {a}nd see.
/léts góʊ {ə}nd síː/

51

1文目：It's kind {o}f too late now.
/its káind {ə}v túː léit náʊ/

2文目：Y{ou} sh{ou}ld h{a}ve done it earlier.
/j{ə} ʃ{ə}d h{ə}v dʌ́n it ɔ́ːrliər/

3文目：I w{i}ll help y{ou} find another way.
/ai w{ə}l hélp j{ə} fáind ənʌ́ðər wéi/

弱くなる音に注目しよう！②

引き続き「弱化」のシャドーイング練習です。やはり、カタカナ語のような発音を想定していると、英語のリズムと合わず、置いていかれるので要注意です。シンクロ・リーディングをする際には、文字に惑わされず、音源をしっかり聞きましょう。

(52) **They have lots of cakes to choose from.** 52

Which one would you like?

Thanks, but I would rather skip dessert.

(53) **Is he afraid of dogs?** 53

Tell him not to worry.

We will keep our dog chained.

(54) **You've never been to Kyoto?** 54

I could take you to a temple.

When are you coming to Japan next time?

日本語訳

(52) たくさんのケーキが選べますよ。どれがお好み？　ありがとう、でもデザートはやめておくよ。
(53) 彼は犬が怖いの？　心配しないでと彼に言って。私たちが犬をつないでおくから。
(54) 京都に行ったことがないんですか？　お寺に連れて行きますよ。次に日本に来るのはいつですか？

52

1文目：They h{a}ve lots {o}f cakes t{o} choose from.
/ðeɪ h{ə}v láts {ə}v kéɪks t{u} ʧúːz frʌm/

2文目：Which one w{ou}ld y{ou} like?
/wíʧ wʌn w{ə}d j{u} láɪk/

3文目：Thanks, b{u}t I w{ou}ld rather skip dessert.
/θǽŋks, b{ə}t aɪ w{ə}d rǽðər skíp dɪzə́ːrt/

53

1文目：Is he afraid {o}f dogs?
/ɪz hi əfréɪd {ə}v dɔ́ːgz/

2文目：Tell him not t{o} worry.
/tél hɪm nɑ́t t{ə} wə́ːri/

3文目：We w{i}ll keep {our} dog chained.
/wi w{ə}l kíːp {ər} dɔ́ːg ʧéɪnd/

54

1文目：You've never b{ee}n t{o} Kyoto?
/juv névər b{ɪ}n t{ə} kióʊtoʊ/

2文目：I c{ou}ld take y{ou} to a temple.
/aɪ k{ə}d téɪk j{ə} tu ə témpl/

3文目：When {are} y{ou} coming t{o} Japan next time?
/wén {ər} j{ə} kʌ́mɪŋ t{ə} ʤəpǽn nékst táɪm/

4種類の音声変化を総チェック！①

Step 2 の仕上げです。ここでは連結・脱落・同化・弱化と、4種類の音声変化をすべて確認しましょう。文字を見るとリズムが崩れてしまう人は、右ページの「′」の記号を目印に、強勢がおかれる単語だけ発音してから、徐々に単語を増やしていく方法もおすすめです。

55 **Did you answer the phone?**

He was trying to reach you.

What did he want?

56 **All meetings are held online recently.**

He may have mentioned that.

But we didn't talk much about it.

57 **Let me introduce you to our boss.**

He joined our team last year.

You can trust him.

日本語訳

㊺ 電話に出た？　彼が君に連絡を取ろうとしていたけど。彼は何がしたかったの？

㊻ 最近はすべての会議がオンラインで行われているね。彼はそれについて言及したかもね。しかし、私たちはそれについてはあまり話さなかったんだ。

㊼ 私たちの上司を紹介しよう。彼は昨年、私たちのチームに加わったんだ。彼は信頼できるよ。

Step 2 の総仕上げとして、連結・脱落・同化・弱化が起こっている部分すべてに印をつけました。まずは文字を見ずにシャドーイングをしてから、それぞれの箇所を確認しながら音声をよく聞いて、モデル音声と同じようなリズムになるように発音しましょう。

左の英文の音声変化した部分を印で表すと下記のようになります (以下同)。

55

1文目：Did y{ou} answer the phone?

/dɪdʒ{ə} ǽnsər ðə fóʊn/

同化　弱化

2文目：He was trying t{o} reach_you.

/hi wəz tráɪɪŋ t{ə} ríːʧ_ju/

弱化　　連結

3文目：Wha(t) did (h)e want?

/wʌ́(t) dɪd (h)i wɑ́nt/

脱落　脱落

56

1文目：All meetings_{are} held_online recen(t)ly.

/ɔ́ːl míːtɪŋz_{ər} héld_ɑnláɪn ríːsən(t)li/

連結　弱化　　連結　　　　　脱落

2文目：He may h{a}ve mention(ed) that.

/hi méɪ h{ə}v ménʃn(d) ðæt/

弱化　　　脱落

3文目：Bu(t) we didn'(t) tal(k) much_about_it.

/bə(t) wi dídn(t) tɔ́ː(k) mʌ́ʧ_əbaʊt_ɪt/

脱落　　　脱落　脱落　連結　　連結

57

1文目：Le(t) me introduce y{ou} t{o} {our} boss.

/lé(t) mi ɪntrədjúːʃ{ə} t{u} {ər} bɔ́ːs/

脱落　　　　同化　弱化　弱化　弱化

2文目：He joined_{our} team last year.

/hi dʒɔ́ɪnd_{ər} tíːm lǽsʧíər/

連結　弱化　　　同化

3文目：You c{a}n trust (h)im.

/ju k{ə}n trʌ́st (h)ɪm/

弱化　　　　脱落

4種類の音声変化を総チェック！②

引き続き音声変化トレーニングの総仕上げです。これまで練習用に4つの変化を別々に取り上げてきましたが、多くの文では様々な変化が同時に起きています。発音するときにすべての音声変化を真似る必要はないですが、音声変化が起こっていても、聞いただけで文の意味を捉えられるようになることは重要です。

58 **Put your arms around my neck.**

Sit over here and take a rest for a while.

Drink plenty of water.

59 **I'm a little disappointed with this meal.**

This yogurt tastes strange, doesn't it?

It's not worth twenty dollars.

60 **I don't want to let you go.**

But it's time to say goodbye.

I wish you the best of luck.

日本語訳

㊹ 腕を私の首に回して。ここに座って、しばらく休んで。水をたくさん飲んでね。
㊺ この食事には少しがっかりだよ。このヨーグルト変な味がするよね？　20ドルの価値はないね。
㉚ 君を行かせたくはないさ。しかし、お別れを言う時が来た。幸運を祈っているよ。

58

1文目：Put y{our}_arms_aroun(d) my neck.
/pʊ́tʃ{ər}_ɑ́ːrmz_əráʊn(d) maɪ nék/

| 同化 | 弱化 | 連結 | 連結 | 脱落 |

2文目：Sit_over here_an(d) take_a res(t) f{or}_a while.
/sɪ́t_ʊ́ʊvər hɪ́ər_ən(d) téɪk_ə rés(t) f{ər}_ə wáɪl/

| 連結 | | 連結 | 脱落 | 連結 | 脱落 | 弱化 | 連結 |

3文目：Drin(k) plenty {o}f water.
/drɪ́ŋ(k) plénni {ə}v wɔ́ːtər/

| 脱落 | 同化 | 弱化 |

59

1文目：I'm_a little disappoint(ed) wi(th) this meal.
/aɪm_ə lírl dɪsəpɔ́ɪnni(d) wə(ð) ðɪs míːl/

| 連結 | 同化 | 同化 | 脱落 | 脱落 |

2文目：This yogur(t) tastes strange, doesn't_it?
/ðɪʃóʊgər(t) téɪsts stréɪndʒ dʌ́znn_ɪt/

| 同化 | 脱落 | 同化 | 連結 |

3文目：It's no(t) worth twenty dollars.
/ɪts nɑ́(t) wə́ːrθ twénni dɑ́lərz/

| 脱落 | 同化 |

60

1文目：I don'(t) wan(t) t{o} let you go.
/aɪ dóʊn(t) wɑ́n(t) n{ə} létʃu góʊ/

| 脱落 | 脱落 | 同化 | 弱化 | 同化 |

2文目：But_it's time t{o} say goo(d)bye.
/bər_ɪts táɪm t{ə} séɪ gu(d)báɪ/

| 同化 | 連結 | 弱化 | 脱落 |

3文目：I wish_you the best_{o}f luck.
/aɪ wɪ́ʃ_ju ðə bést_{ə}v lʌ́k/

| 連結 | 連結 | 弱化 |

母音の発音を決める
３つの要素とは？

母音がどのように発音されるかを決めるのは、主に、以下の３要素です。

舌が最も高くなる位置：下の図の横軸に該当します。唇の横幅を広くすると自然に舌の前の方が持ち上がり、唇の横幅を狭くすると舌の後ろの方が持ち上がるので、「唇の横幅の広さ」と解釈することもできます。

口の中での舌全体の高さ：下の図の縦軸に該当します。舌全体の高さは下あごの高さと連動しているので、唇の縦幅を小さくすると狭母音、大きくすると広母音になると考えても差し支えありません。

唇の丸め：地域差がありますが、本書で主に扱うアメリカ英語の場合、下の図の右に示されている /uː/、/ʊ/、/ɔː/ が唇を丸めて発音する 円唇母音です。

また、音質が最初から最後まで変わらない単母音なのか、途中で音質が変化する二重母音なのかという基準で分類することもできます。アメリカ英語では多くの場合、/aɪ/、/eɪ/、/ɔɪ/、/aʊ/、/oʊ/ の５つが二重母音と見なされます。さらに、r 音性母音（r を伴った母音）である /ər/、/əːr/、/ɪər/、/eər/、/ʊər/、/ɑːr/、/ɔːr/ でも、母音の途中で音質が変化します。

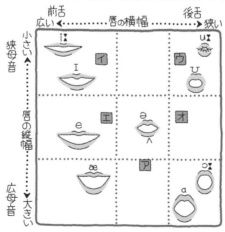

※アイウエオはカタカナの音を表します。

Step 3
日記
シャドーイング

今度は日常生活を題材にした音源を30本取り上げます。英語らしいリズムとイントネーションを味わいながらストーリー展開を楽しみましょう。また音声をよく聞いて、カタカナ語の語感に惑わされないようにも要注意です。

朝の日課①

まずは、一日のはじまり、朝の目覚めシーンからです。「ターン」「アラーム」「カバー」「リトル」のような、カタカナ語としてなじみ深い語がどう発音されているかにも注意しましょう。

It's already 6 o'clock?!

I have to turn off the alarm.

It's warm under the covers.

I don't want to get up.

I wish I could stay in bed for a little longer.

日本語訳

もう6時?!
目覚ましを止めなきゃ。
布団の中が暖かい。
起きたくない。
もうちょっとベッドにいたいなぁ。

1文目:

ここでは英語のイントネーションに注目。文の形の上では It's... で始まる肯定文に見えます。しかし、文末で声の高さを急激に上昇させることで、驚きを伴った疑問（!?）のニュアンスを表現しています。図の見方については、142 ページをご確認ください。

2文目: I have to turn off the alarm.（3拍）

ここでは英語のリズムに注目。上記では赤字で示した音に強勢が置かれています。強勢が置かれる音節間の時間的間隔がほぼ同じぐらいで、文全体で3拍のリズムを作っていることがわかります。手をたたいてリズムを取りながら、赤字で示した音と音の間がほぼ同じ間隔になるように3拍のリズムをマネしてみましょう。

3文目: It's warm under the covers.

cover /kʌvər/ は、カタカナ語の「カバー」としてなじみ深い語ですが、特にアメリカ英語では語末の /r/ を発音するため、こもったような音に聞こえます。

4文目: I don'(t) wan(t) to get up.

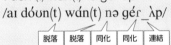

5文目: I wish_I c{ou}l(d)stay in be(d) for_a litt(le) longer.

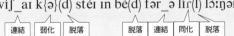

朝の日課②

引き続き、朝のシーンです。出勤前の様子を想像しながらシャドーイングしてから、シンクロ・リーディングに進みましょう。また、「シャワー」や「キッチン」、「サラダ」のようなカタカナ語にも注意しましょう。

My morning routine is usually set.

I get up at 6:30 and take a shower to clear my head.

I turn on the TV and go to the kitchen.

I always have salad for breakfast.

I make it a rule to leave home at 7:30 at the latest.

日本語訳

私の朝の日課は通常決まっている。
6時半に起きて、シャワーを浴びて頭をすっきりさせる。
テレビをつけて、キッチンに向かう。
朝食では必ずサラダを食べる。
遅くとも7時半には家を出ることにしているんだ。

1文目：My morning routine is usually set.（5拍）

　赤字で示した音に強勢が置かれています。文頭の My は内容語ではありませんが、ここでは「（他の人ではなく）私の」ということをハッキリさせるために強勢が置かれています。

2文目：I get_up_a(t) 6:30 {a}n(d) take_a shower t{o} clear my head.
/aɪ géɾ_ʌp_ə(t) 6:30 {ə}n(d) téɪk_ə ʃáʊər t{ə} klíər maɪ héd/

同化　連結　連結　脱落　弱化　脱落　連結　弱化

3文目：I turn on the <u>TV</u> and go to the kitchen.

　TV /tìːvíː/ は2音節目に強勢が置かれます。/v/ は、上の歯の先と下唇のすき間を息が通るときに出る「摩擦音」で、日本語の「ビ」のような「破裂音」ではありません（17ページ参照）。TV は television の略です。日本語のように「テレビ」という3モーラだけに短縮することはありません。

4文目：

I always have　salad　for breakfast.↘

　文の最後の音節 -fast で声の高さが最も低いところまで下降しています。肯定文はたいていこのように文末の音が最も低くなります。ここで音が下がりきらなければ、文がまだ続くようなニュアンスや、「いつもなら朝食にサラダを食べるのに」という不満があるようなニュアンスが生まれてしまいます。salad /sǽləd/ の発音にも注意しましょう。

5文目：I make_it a rule t{o} leave home_a(t) 7:30 a(t) the latest.
/aɪ méɪk_ɪɾ ə rúːl t{ə} líːv hóʊm_ə(t) 7:30 ə(t) ðə léɪtɪst/

連結　同化　弱化　連結　脱落　脱落

朝の日課③

ひき続きテーマは「朝の日課」。ここでは「ワイシャツ」、「パンツスーツ」、「スカーフ」など服装に関するカタカナ英語がいくつか出てきます。音声をよく聞いて、カタカナの語感に惑わされないようにしましょう。

It's time to get dressed for work.

I'll choose a white shirt that matches my gray pantsuit.

I'll wrap a plaid scarf around my neck.

Then, I'll put on a thin wool coat.

It doesn't take me long to choose what to wear.

日本語訳

そろそろ仕事に行くために着替えないと。
グレーのパンツスーツに合う白いシャツを選ぼう。
首にはチェック柄のマフラーを巻こう。
そして薄手のウールのコートを着用しよう。
私は何を着るかを選ぶのに時間はかからないんだ。

1文目：It's time to get dressed for work.（3拍）

　赤字で示した音に強勢が置かれています。get も内容語ですが、get dressed で「着替える」という意味を持ち、dressed に強勢があるため、get は強く発音されていません。強勢が置かれる音節間の時間的間隔がほぼ同じぐらいで、文全体で3拍のリズムを作っています。

2文目：

I'll choose a white shirt→ that matches my gray pantsuit.↘

　a white shirt についての説明が関係代名詞 that 以降に続きます。shirt の部分では声の高さが下降せず、文がまだ終わっていないことを示しています。文末では pant- でいったん上昇した後、-suit の音節で下降し、声が最も低くなります。

3文目：I'll <u>wrap</u> a <u>plaid</u> scarf around my neck.

　wrap /rǽp/ はカタカナ語の「ラップ」としてなじみ深い語ですが、発音がカタカナとは異なります。発音の際には、wrap の語頭の /r/ で舌先が口の中のどこにも接触しないように気をつけましょう（19ページ参照）。/ǽ/ は、日本語の「ア」よりも口の横幅を広げると発音しやすくなります（29ページ）。なお plaid /plǽd/ はカタカナの日本語では「チェック」と呼ばれる柄のことです。

4文目：

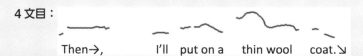

Then→, I'll put on a thin wool coat.↘

　Then, の後で一瞬のポーズがありますが、そこでは声の高さは下がらず、文の最後の音節 coat で下がります。

5文目：It doesn'(t) take me long t{o} choose wha(t) t{o} wear.
/ɪt dʌ́zn(t) téɪk mi lɔ́ːŋ t{ə} tʃúːz wʌ́(t) t{ə} wéər/

　　　　　　　　　脱落　　　　弱化　　　　脱落　弱化

ランチ休憩

ここでの日記シャドーイングのテーマは「ランチ休憩」です。英語のリズムやイントネーションに加え、「ランチ」、「オフィス」、「メニュー」、「ベーコン」、「マッシュポテト」、「ワッフル」、「バナナ」のようなカタカナ語に注意しましょう。

I usually go to a café for lunch.

It only takes a minute to get there from my office.

My favorite thing on the menu is bacon and eggs with

mashed potatoes.

But today, it was sold out!

So I had waffles, a banana, and iced coffee instead.

日本語訳

私は大抵ランチはカフェに行く。
会社から1分もあれば着いちゃうのでね。
推しているメニューは、マッシュポテトがついたベーコンエッグ。
でも今日は、売り切れだった！
だから、ワッフルとバナナとアイスコーヒーで代用したんだ。

1文目： I usually go to a café for lunch.（4 拍）

　手をたたいてリズムを取りながら、赤字で示した音と音の間がほぼ同じ間隔になるように 4 拍のリズムをマネしてみましょう。

2文目： It_only takes_a minu(te) t{o} ge(t) there fr{o}(m) my office.
　　　/ɪt_óʊnli téɪks_ə mínə(t) t{ə} gé(t) ðéər fr{ə}(m) maɪ ɑ́fəs/

| 連結 | | 連結 | | 脱落 | 弱化 | 脱落 | | 弱化 | 脱落 |

3文目： My favorite thing on the menu is <u>bacon</u> and eggs with mashed potatoes.

　bacon /béɪkən/ はカタカナ語の「ベーコン」としてなじみ深い語ですが、2 音節目の母音 /ə/ は「あいまい母音」のため、日本語の「コン」のようには聞こえません。発音するときには 1 音節目の /éɪ/ は「エー」のように伸ばす音ではなくて、音の出だしから終わりにかけて音が移っていく二重母音であることに注意しましょう（27 ページ参照）。

4文目：

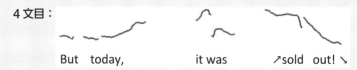

But　today,　　　　it was　　　↗sold　out! ↘

　But today, の部分でいったん声の高さが上昇し、「でも今日は」という逆接のニュアンスを伝えています。sold out では激しく声の高さが上下し、驚きと不満の気持ちを表現しています。

5文目：

So I had waffles↗,　a banana↗,　　　and iced coffee instead.↘

　waffles、banana はそれぞれ最後の音節で声の高さが上昇した後、iced coffee で下降し、文末の音節が最も低くなります。物事を列挙するときの典型的なイントネーションのパターンです。

カフェの様子

カフェで注文を終えて、ほっと一息。周りのお客さんたちは、何をしているでしょう？また「コンピューター」、「スクリーン」、「タブレット」、「デバイス」といった IT 系のカタカナ語に惑わされないように要注意です。

A man and a woman are in a café.

They seem to have finished their lunch.

There is a plum pudding in front of the woman.

They are looking at a computer screen.

There is also a tablet device on the table.

日本語訳

男女がカフェにいる。
彼らは昼食を終えたようだ。
女性の前にはドライフルーツ入りプディングが置かれている。
彼らはコンピューターの画面を見ている。
テーブル上にはタブレット端末も置かれている。

1文目：A man and a woman are in a café.（3拍）

手をたたいてリズムを取りながら、赤字で示した音と音の間がほぼ同じ間隔になるように3拍のリズムをマネしてみましょう。

2文目：They seem t{o} h{a}(ve) finishe(d) their lunch.

/ðeɪ síːm t{ə} h{ə}(v) fíniʃ(t) ðər lʌ́ntʃ/

弱化	弱化	脱落	脱落

3文目：There is a <u>plum</u> <u>pudding</u> in front of the woman.

plum /plʌ́m/ はカタカナ語の「プラム」でなじみ深い語ですが、語末で「ム」のような母音つきの音は聞こえません。これは /m/ とその直後の pudding の /p/ で音を出す位置が同じなので、/m/ を発音してそのまま /p/ の音に移るからです。

Plum pudding はイギリスの伝統的なクリスマスケーキのことです。カスタードプリンとは違う食べ物なのですが、pudding /púdɪŋ/ がカタカナ語で「プリン」と呼ばれることから、/d/ の音で音声変化が起こって [ɾ] のように聞こえやすいことがわかります。

4文目：They {are} looking_at_a computer screen.

/ðeɪ {ər} lúkɪŋ_ət_ə kəmpjúːrər skríːn/

弱化	連結	連結	同化

5文目：There is also a tablet device on the table.（4拍）

手をたたいてリズムを取りながら、赤字で示した音と音の間がほぼ同じ間隔になるように4拍のリズムをマネしてみましょう。

午後からの仕事

ランチ休憩が終わり、午後からの仕事に取りかかります。どうやら、何か不満があるようですよ。ここでは「ミーティング」や「リモート」、「ホーム」のようなカタカナ語が登場します。

 66

I have to get back to work now.

I have four meetings in a row this afternoon.

With so many meetings, I can't get any work done.

To be honest, most of them are unnecessary.

They should allow us to work remotely from home.

日本語訳

これから仕事に戻らなければならない。
今日は午後から連続して4つの会議がある。
これだけ会議が続くと、仕事が終わらない。
正直なところ、そのほとんどが不要なものだ。
自宅からリモートで仕事ができるようにすべきなんだよ。

1 文目：I have t{o} ge(t) bac(k) t{o} wor(k) now.
/aɪ hǽf t{ə} gét) bǽ(k) t{ə} wɔ́ːr(k) náʊ/

弱化	脱落	脱落	弱化	脱落

2 文目：I h{a}(ve) four meetings_in_a row this_afternoon.
/aɪ h{ə}(v) fɔ́ːr míːrɪŋz_ɪn_ə róʊ ðɪs_ǽftərnúːn/

弱化	脱落	同化	連結	連結	連結

3 文目：With so many meetings, I can't get any work done.（7 拍）

　赤字で示した音に強勢が置かれています。get も内容語ですが、前後のcan't と any にも強勢があるため、弱く発音することでリズムを保っています。

4 文目：

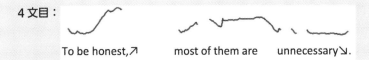

To be honest,↗　　　most of them are　　unnecessary↘.

　To be honest, のフレーズでは声の高さを急激に上昇させて聞き手の注意を促し、「今から少し意外なことを言う」というニュアンスを伝えています。文末の unnecessary で声が最も低くなるのは、肯定文の典型的なパターンです。

5 文目：They should allow us to work <u>remotely</u> from <u>home</u>.

　remotely /rɪmóʊtli/ や home /hóʊm/ はカタカナ語の「リモート」や「ホーム」としてなじみ深い語ですが、強勢が置かれる母音の部分は「ー」のように伸ばす音ではありません。

　発音するときには、まず、remotely の語頭 /r/ で舌先が口の中のどこにも接触しないように気をつけましょう（19 ページ参照）。remotely の2 音節目や home の母音 /óʊ/ は「オー」という伸ばす音ではなく、アメリカ英語では 音の出だしから終わりにかけて音が移っていく二重母音です（35 ページ参照）。

会社の様子①

オフィスにいる同僚の、ちょっとマヌケな様子です。最後の皮肉を込めた言い回しに注目しましょう。「マスク」や「ストライプ」、「ハイテク」などのカタカナ語に要注意。なおノートパソコンは和製英語で、英語では laptop と言います。

67 　　　　　　　　　　　　　　

A man is working at a desk in an office.

He is wearing a mask and a striped tie.

There is a laptop in front of him, but the screen is black.

He is taking notes in a notebook.

His company must be pretty "high-tech!"

日本語訳

オフィスのデスクで仕事をしている男がいる。
男はマスクを着用し、ストライプのネクタイをしている。
男の目の前にはノートパソコンがあるが、画面は真っ暗。
男はノートにメモを取っている。
彼の会社はかなり「ハイテク」にちがいない！

1 文目：A man_is working_at_a desk_in an_office.
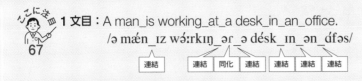
/ə mǽn_ɪz wə́ːrkɪŋ_əɾ_ə désk_ɪn_ən_ɑ́fəs/

連結　　連結　同化　連結　連結　連結　連結

2 文目：He is wearing a <u>mask</u> and a <u>striped</u> tie.

mask /mǽsk/ や striped /stráɪpt/ はカタカナ語の「マスク」や「ストライプ」としてなじみ深い語ですが、発音がカタカナ語とは異なります。

発音するときには、まず、mask の母音 /ǽ/ で日本語の「ア」よりも口の横幅を広げてみましょう（29 ページ参照）。

3 文目：There_is_a la(p)top_in front_{o}f_(h)im, bu(t) the screen_is black.
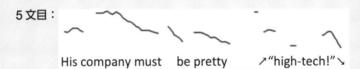
/ðéər_ɪz_ə lǽ(p)tùp_ɪn frʌ́nɾ_{ə}v_(h)ɪm bə(t) ðə skríːn_ɪz blǽk/

連結　連結　脱落　連結　同化　連結　弱化　連結　脱落　脱落　　連結

4 文目：He is taking notes in a notebook.（3 拍）

手をたたいてリズムを取りながら、赤字で示した音と音の間がほぼ同じ間隔になるように 3 拍のリズムをマネしてみましょう。

5 文目：

His company must　　be pretty　　↗"high-tech!"↘

high-tech の部分では声の高さが急激に上昇・下降しています。パソコンが目の前にあるのにノートにメモを取って仕事をしていることについて、「ハイテク（先端技術）」だと皮肉を込めたニュアンスがイントネーションから伝わります。

会社の様子②

会議の様子を眺めている様子を想像しながらシャドーイングしてから、シンクロ・リーディングに進みましょう。この会議、効率が良いのだか悪いのだか……。「グループ」、「ミーティング」、「ルーム」といったオフィス系のカタカナ語に注意しましょう。

68

A group of people is having a meeting in a room.

They are smiling at each other.

The meeting seems to be going well.

Why might that be?

Maybe everything had already been discussed informally.

日本語訳

部屋の中で、何人かの人たちが会議を開いている。
彼らはお互いに微笑み合っている。
会議は順調に進んでいるようだ。
なぜそうなんだ？
たぶん非公式の場で議論しつくしていたんだろう。

1文目：A group of people is having a <u>meeting</u> in a <u>room</u>.

68 meeting /míːtɪŋ/ や room /rúːm/ はカタカナ語の「ミーティング」や「ルーム」としてなじみ深い語ですが、母音部分の口の横幅が、日本語で発音するときよりも大げさに広がったり狭くなったりします。

発音するときには、meeting では、口の横幅がカタカナの「ミー」よりも広くなります。また、/ɪŋ/ の語末に「グ」のような破裂音は入りません。次に、room の語頭 /r/ では舌先が口の中のどこにも接触しないように、唇を突き出すようにして丸めて発音すると、伝わりやすくなるはずです（19 ページ参照）。

2文目：They {are} smiling_a(t) each_other.
　　　　/ðeɪ {ər} smáɪlɪŋ_ə(t) íːʧ_ʌ́ðər/

| 弱化 | | 連結 | 脱落 | 連結 |

3文目：The meeting seems t{o} b{e} going well.
　　　　/ðə míːtɪŋ síːmz t{ə} b{i} góʊɪŋ wél/

| 弱化 | 弱化 |

4文目：

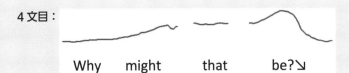

Why　　might　　that　　be?↘

音声をよく聞くと、Wh- 疑問文なので、肯定文と同様に文末で声の高さが上昇してから下降しています。

5文目：Maybe everything had already been discussed informally.（5拍）

手をたたいてリズムを取りながら、赤字で示した音と音の間がほぼ同じ間隔になるように 5 拍のリズムをマネしてみましょう。

公園の様子

やっと5時! 仕事はおしまいです。退社時に、ちょっと公園の様子を覗いてみましょう。シンクロ・リーディング（オーバーラッピング）をする際に、強勢が置かれている部分でリズムを取る練習には慣れてきましたか？

69

I left my office at 5 today.

There is a park on the way to the station.

A woman was in the park with her baby girl.

She was taking the baby out of the stroller.

It was such a nice and quiet evening.

日本語訳

今日は5時に会社を出た。
駅に行く途中に公園がある。
その公園で、1人の女性が女の子の赤ちゃんと一緒にいた。
彼女はベビーカーから赤ちゃんを抱き上げていた。
それは、とても素敵で静かな夕暮れ時だった。

69

1文目：I left my office at 5(five) today.（4拍）

　手をたたいてリズムを取りながら、赤字で示した音と音の間がほぼ同じ間隔になるように4拍のリズムをマネしてみましょう。

2文目：There_is_a park_on_the way t{o} the station.

連結	連結	連結	連結	同化	弱化

3文目：A woman w{a}s_in_the park w{i}th_(h)er baby girl.

弱化	連結	連結	同化	弱化	連結	脱落

4文目：She was taking the <u>baby</u> out of the <u>stroller</u>.

　baby /béɪbi/ はカタカナ語の「ベビー」とは異なって聞こえるはずです。発音するときには、baby の最初の母音が、出だしから終わりにかけて音が移っていく二重母音であることを意識しましょう（27ページ参照）。

　stroller /stróʊlər/ はカタカナ語で「ベビーカー」と呼ばれますが、これは和製英語です。

5文目：It was such a nice and quiet evening.（4拍）

　手をたたいてリズムを取りながら、赤字で示した音と音の間がほぼ同じ間隔になるように4拍のリズムをマネしてみましょう。

アフターファイブのお出かけ①

公園を後にして、駅へ向かいます。どうやら今日は友達と出かける約束があるようです。「ステーション」や「トレイン」、「スマートフォン」のようなカタカナ語に注意しましょう。

 70　

It takes about twenty minutes to get to the station.

The train is packed with passengers.

Most of them are looking down at their smartphones.

I should have called my friend before I got on the train.

I'm supposed to meet her at 6:30.

日本語訳

駅までは 20 分ほどかかる。
電車の中は乗客でいっぱいだ。
ほとんどの人はスマホに目を落としている。
電車に乗る前に、友人に電話すればよかった。
6 時半に彼女に会うことになってるんだ。

1文目：It takes_abou(t) twenty minutes t{o} ge(t) t{o} the station.
/ɪt téɪks əbaʊ(t) twénni mínəts t{ə} gé(t) t{ə} ðə stéɪʃn/

連結	脱落	同化	弱化	脱落	弱化

2文目：The train is packed with passengers. （3拍）

　赤字で示した内容語の音節に強勢が置かれています。音声を聞くと、強勢が置かれる音節間の時間的間隔がほぼ同じぐらいで、文全体で3拍のリズムを作っていることがわかります。

3文目：Most of them are looking down at their <u>smartphones</u>.

　smartphone /smɑ́ːrtfoʊn/ はカタカナ語の「スマートホン」としてなじみ深い語ですが、聞き取れても、カタカナ発音すると通じにくくなります。なお、カタカナ語では「スマホ」のように3モーラだけを取って短縮しますが、英語ではこのような短縮は起こりません。

4文目：I should have called my friend before I got on the train. （5拍）

　赤字で示した内容語の音節に強勢が置かれています。音声を聞くと、強勢が置かれる音節間の時間的間隔がほぼ同じぐらいで、文全体で5拍のリズムを作っていることがわかります。

5文目：I'm suppose(d) t{o} meet_(h)er_a(t) 6:30.
/aɪm səpóʊs(t) t{ə} míːɾ (h)ər ə(t) 6:30/

脱落	弱化	同化	連結	脱落	連結	脱落

アフターファイブのお出かけ②

待ち合わせ場所は、寿司屋です。早く着いたのに、友達の方が先に来ていたとは！
お互いこの日を楽しみにしていた様子を思い浮かべながらシャドーイングしてみましょう。寿司ネタを英語で覚えるのは大変ですが、まずは海外で人気の tuna と salmon を押さえましょう。

71

It was a little too early, but I thought I would just sit
and wait for her.

I went into our favorite sushi restaurant.

Then, what a surprise! She was already there.

We ordered salmon, tuna, scallops, and many other
items.

All the fish in the restaurant is nice and fresh.

日本語訳

ちょっと早過ぎたけど、座って彼女を待っていようと思ったんだ。
お気に入りのお寿司屋さんに入った。
すると、何てことだ！　すでにそこに彼女がいたんだ。
ぼくたちはサーモン、マグロ、ホタテ、その他たくさんのネタを注文した。
この店の魚はどれもいい感じで新鮮だ。

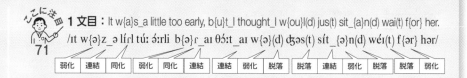

1文目: It w{a}s_a little too early, b{u}t_I thought_I w{ou}l(d) jus(t) sit_{a}n(d) wai(t) f{or} her.

/ɪt w{ə}z_ə lírl túː ə́ːrli b{ə}r_aɪ θɔ́ːt_aɪ w{ə}(d) ʤəs(t) sít_{ə}n(d) wéɪ(t) f{ər} hər/

弱化	連結	同化	弱化	同化	連結	連結	弱化	脱落	脱落	連結	弱化	脱落	脱落	弱化

2文目: I went into our favorite <u>sushi</u> <u>restaurant</u>.

　sushi restaurant /súːʃi réstərənt/ は「寿司レストラン」とは異なって聞こえるはずです。sushi は日本語で「寿司」と言うときよりも /s/ や /ʃ/ の摩擦の音が強く、/úː/ の母音が強く長くなります。発音する際には restaurant の1音節目だけに強勢を置いて /tərənt/ に含まれる2つの母音はあいまい母音になることを意識しましょう。

3文目:

Then,　what a ↗surprise!↘　　She was already there.↘

　surprise の部分で声の高さが極端に上昇し、すぐに下降しています。これは、感嘆文の典型的なイントネーションのパターンです。一方、2文目は文末の there で声の高さが最も低くなる、肯定文のイントネーションパターンです。

4文目:

We ordered salmon,↗　tuna,↗　scallops,↗　and many other items.↘

　salmon、tuna、scallops のそれぞれの語末で声の高さが上昇した後、最後の items で下降し、文末の音節で最も低くなります。物事を列挙するときの典型的なイントネーションパターンです。

5文目: All the fish_in the restaurant_is nice_{a}n(d) fresh.

/ɔ́ːl ðə fíʃ_ɪn nə réstərənt_ɪz náɪs_{ə}n(d) fréʃ/

連結	同化		連結	連結	弱化	脱落

アフターアファイブのお出かけ③

寿司屋の後は、居酒屋。アフターファイブはまだ続きます。「チキン」や「クレジットカード」のようなカタカナ語にも要注意です。

After that, we went to a Japanese pub.

I'd definitely recommend the chicken there.

They serve the best grilled chicken in the world.

But you need to remember one thing:

They don't accept credit cards!

日本語訳

その後、ぼくたちは日本の居酒屋に行った。
そこの鶏肉は絶対おすすめ。
世界最高の焼き鳥を食べさせてくれるんだ。
でも、1つだけ覚えておいてほしいことがある。
そのお店では、クレジットカードが使えないんだ！

1文目：After that, we went to a Japanese pub.（5拍）

　赤字で示した音に強勢が置かれています。Jàpanése は単独で発音すると最後の音節に第一強勢がありますが、この文の場合、直後の音節 púb にも強勢があるため強勢の位置が前に移動して、Jápanèse のように Jap- の部分に第一強勢が置かれます。

2文目：I'(d) defini(te)ly recommen(d) the chicken_there.
　　　/aɪ(d) défənə(t)li rekəmén(d) ðə ʧíkɪn_néər/

| 脱落 | | 脱落 | | 脱落 | | 連結 | 同化 |

3文目：They serve the best grilled chicken in the world.（5拍）

　手をたたいてリズムを取りながら、赤字で示した音と音の間がほぼ同じ間隔になるように5拍のリズムをマネしてみましょう。

4文目：But you nee(d) t{o} remember one thing:
　　　/bəʧu níː(d) t{ə} rɪmémbər wʌ́n θíŋ/

| 同化 | 脱落 | 弱化 |

5文目：They don't accept <u>credit</u> <u>cards</u>!

　credit card /krédət kàːrd/ はカタカナ語の「クレジットカード」としてなじみ深い語ですが、credit の2音節目は「ジット」ではなく /d/ にあいまい母音が続き、最後の /t/ は脱落しやすいため、聞き取りが難しいかもしれません。

　また、crédit càrd というまとまった語になったときには credit の方に第一強勢が置かれ、card は少し弱く発音されることも意識しましょう。

居酒屋の様子

居酒屋の中の様子をちょっと見てみましょう。「ボトル」や「カウンター」など、カタカナではおなじみの単語も、英語では違って聞こえます。おっと、そろそろ終電の時間です。

A man is drinking with three young women.

They are sitting at a small round table.

They all seem to be having a lot of fun.

Many liquor bottles are displayed at the counter.

One more drink, then I should leave to catch the last

train home.

日本語訳

1人の男が3人の若い女と一緒に飲んでいる。
彼らは小さな円卓に座っている。
みんなとても楽しそうだ。
カウンターにはたくさんの酒瓶が飾られている。
もう一杯飲んだら、終電に間に合うように帰らないと。

73

1文目： A man is drinking with three young women.（4拍）

　赤字で示した音に強勢が置かれています。young も内容語ですが、前後の thrée と wómen にも強勢があるため、やや弱めに発音して、4拍のリズムを作っています。

2文目： They are sitting at a small round table.（3拍）

　赤字で示した音に強勢が置かれています。round も内容語ですが、前後の smáll と táble にも強勢があるためやや弱めに発音して、3拍のリズムを作っています。

3文目： They all seem t{o} b{e} having_a lot {o}(f) fun.
/ðeɪ ɔ́ːl síːm t{ə} b{i} hǽvɪŋ_ə lɑ́ɾ {ə}(v) fʌ́n/

| 弱化 | 弱化 | | 連結 | 同化 | 弱化 | 脱落 |

4文目： Many liquor <u>bottles</u> are displayed at the <u>counter</u>.

　bottle /bɑ́tl/ や counter /káʊntər/ はカタカナ語の「ボトル」や「カウンター」とは異なって聞こえるので注意しましょう。bottle の語頭はアメリカ英語では「ボ」よりも「バ」に近い音に聞こえますし、counter の /t/ はアメリカ英語では同化が起こりやすく /káʊnnər/ のように聞こえます。

5文目：

One more drink,↗　　then I should leave to catch the last train home.↘

　前半のフレーズ末の drink で声の高さが上昇することで、When I have finished one more drink,（後一杯飲んだら）という条件節が省略された形であることを示しています。文末の home で声の高さが最も低いところまで下降し、文が終わったことを示しています。

週末のお楽しみ①

ここでは「フライデー」、「バスソルト」、「ラベンダー」、「ホテル」といったカタカナ語に要注意。また luxurious のような長い単語は、言い慣れていないと口が回りません。最初はモゴモゴ言う感じでもいいのでまず3回シャドーイングしましょう。

74 　　

I love to take a bath on Friday evenings.

I always use bath salts.

Lavender is my favorite scent.

Soaking in the bath relaxes me.

I feel like I'm staying in a luxurious hotel.

日本語訳

金曜日の晩にお風呂に入るのが大好きだ。
必ず入浴剤を使っている。
ラベンダーが一番好きな香り。
お風呂に浸かるとリラックスできる。
豪華なホテルに滞在しているような気分だね。

1 文目：I love t{o} take_a bath_on Friday evenings.
/aɪ lʌ́v t{ə} téɪk_ə bǽθ_ɑn fráɪdeɪ íːvnɪŋz/

弱化 　連結 　連結

2 文目：I always use bath salts.（4 拍）

　手をたたいてリズムを取りながら、赤字で示した音と音の間がほぼ同じ間隔になるように 4 拍のリズムをマネしてみましょう。

3 文目：Lavender_is my favori(te) scent.
/lǽvəndər_ɪz maɪ féɪvərə(t) sént/

連結 　　　　脱落

4 文目：Soaking in the bath relaxes me.（3 拍）

　手をたたいてリズムを取りながら、赤字で示した音と音の間がほぼ同じ間隔になるように 3 拍のリズムをマネしてみましょう。

5 文目：I feel like I'm staying in a luxurious hotel.

　hotel /hoʊtél/ はカタカナ語の「ホテル」とはアクセント位置が異なります。カタカナ語ではホテルのように最初の音が高くなりますが、hotelで強勢が置かれるのは /tél/ の部分です。

　発音するときには、アメリカ英語では最初の母音が /oʊ/ という「二重母音」で、音の出だしから終わりにかけて音が移っていくこと（35 ページ参照）と、2 音節目に強勢が置かれることを意識しましょう。

週末のお楽しみ②

ここでのテーマは「ダイエット」です。英語のリズムやイントネーションに加え、「ウエイト」、「スケール」、「ダイエット」、「ジム」、「アスリート」のようなカタカナ語のリスニングに注意しましょう。

I've been gaining weight lately.

I used to hate getting on the scale.

But now, I'm on a diet.

I also go to the gym twice a week to work out.

Someday, I'll have a body like an athlete.

日本語訳

最近、体重が増えている。
以前は体重計に乗るのが嫌だった。
でも今はダイエット中。
週に2回はジムに通って体を動かしている。
いつかアスリートのような体を手に入れたい。

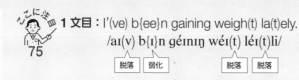

1文目： I've b{ee}n gaining weigh(t) la(t)ely.
/aɪ(v) b{ɪ}n géɪnɪŋ wéɪ(t) léɪ(t)li/

脱落　弱化　　　　脱落　脱落

2文目： I used to hate getting on the <u>scale</u>.

　scale /skéɪl/ は、カタカナ語の「スケール」とは異なっており、語末の /l/ が「ル」のような舌先を弾く音ではなく「ウ」や「オ」に近い音のように聞こえます。

3文目：

　2文目の I used to... という過去形の文と対比する形で、now で声の高さが上昇し、現在の話を続けています。

4文目： I also go to the gym twice a week to work out.（7拍）

　手をたたいてリズムを取りながら、赤字で示した音と音の間がほぼ同じ間隔になるように7拍のリズムをマネしてみましょう。

5文目：

　Someday の直後では声の高さが下がりきらず、文がまだ続くことを示した上で、文末の athlete で最も低くなっています。

体調不良①

ここでは風邪を引いた際の英語表現が満載です。インフルエンザを略したインフルは和製英語で、英語では flu と言います。throat、feverish、medicine などの単語も言い慣れてないと口が回らないので、音声をよく聞いて練習しましょう。

It looks like I've caught a cold.

I have a runny nose and a sore throat.

In addition, I feel a little feverish.

I hope it's not the flu.

I'll take some medicine and go to bed early tonight.

日本語訳

どうやら風邪を引いてしまったようだ。
鼻水が出るし、喉も痛い。
おまけに少し熱っぽい。
インフルエンザでなければいいのだが。
今夜は薬を飲んで早く寝よう。

1文目： It looks like I've caught a cold.（3拍）

　　手をたたいてリズムを取りながら、赤字で示した音と音の間がほぼ同じ間隔になるように3拍のリズムをマネしてみましょう。

2文目： I have_a runny nose_{a}n(d)_a sore throat.

3文目： In_addition, I feel_a little feverish.

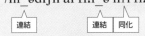

4文目： I hope it's not the flu.

　　hope /hóʊp/ の母音はカタカナ語の「ホープ」のように伸ばす音ではなく、音の出だしから終わりにかけて音が移っていく「二重母音」です（35ページ参照）。

　　また、インフルエンザ influenza /ìnfluénzə/ は日本語では「インフル」のように短縮されることがありますが、英語では flu /flúː/ のように1音節だけ抜き出して短縮します。

5文目： I'll take some medicine and go to bed early tonight.（5拍）

　　赤字で示した音に強勢が置かれています。go も内容語ですが、go to bed で「寝る」というひとまとまりの意味を持ち、béd に強勢があるので、go はやや弱く発音されています。

体調不良②

せっかくの土曜日が体調不良で台無しになってしまいました。でもお腹がすくのは良い兆しです。exhausted（疲れ果てた）や starving（お腹ペコペコ）といった難読単語に注意しながら練習しましょう。

77

I have been busy recently with a major work deadline.

I was exhausted from overwork.

I had a hard time getting up on Saturday.

I stayed in bed and spent the whole day doing nothing.

When I finally got up, I was starving.

日本語訳

最近、大きな仕事の締め切りがあり、忙しかったんだ。
過労でヘトヘトになってしまったよ。
土曜日はなかなか起きられなかった。
ベッドにずっといて、一日中何もせずに過ごしたね。
やっと起き上がったときにはお腹ペコペコだったよ。

1文目： I have been busy recently with a <u>major</u> <u>work</u> <u>deadline</u>.

major work deadline /méɪʤər wə̀ːrk dédlaɪn/ はカタカナ語の「メジャー ワーク デッドライン」とは異なって聞こえるので注意しましょう。

まず、major の1音節目の母音は二重母音なので「メ」のようには聞こえません。次に work の母音は日本語の「ワー」よりもこもった音に聞こえます。deadline は1音節目に強勢があり、dead の最後の /d/ が脱落して聞こえなくなることがあります。

2文目： I was exhausted from overwork.（2拍）

長い単語が2つありますが、赤字で示した音に強勢が置かれ、2拍のリズムを作ります。

overwork は動詞では overwórk のように最後の音節に強勢が置かれますが、この文のように名詞として用いるときには óverwork のように1音節目に強勢が置かれます。

3文目： I h{a}d a_har(d) time getting_up_on Saturday.
/aɪ h{ə}d_ə hɑ́ːr(d) táɪm gérɪŋ_ʌ́p_ɑn sǽrərdeɪ/

| 弱化 | 連結 | 脱落 | 同化 | 連結 | 連結 | 同化 |

4文目： I stayed_in bed_{a}n(d) spen(t) the whole day doing nothing.
/aɪ stéɪd_ɪn béd_{ə}n(d) spén(t) ðə hóʊl déɪ dúːɪŋ nʌ́θɪŋ/

| 連結 | 連結 | 弱化 | 脱落 | 脱落 |

5文目：

When I finally got up,↗   I was starving.↘

When I finally got up, のフレーズ末で声の高さが上昇し、これが時を表す副詞節であることを示した上で、文末の starving で声の高さが最も低くなっています。

93

冷蔵庫の中身

病み上がりの腹ペコなので、栄養をつけたいところです。冷蔵庫には何があるでしょう……。2文目と4文目に物事を列挙するイントネーションが登場します。

I found some leftover vegetables in the fridge.

I had lettuce, onions, tomatoes, cauliflower, and some cucumbers.

You want to know my special dressing recipe?

Just mix olive oil, vinegar, salt, pepper, and ketchup.

You can also add some garlic if you like.

日本語訳

冷蔵庫の中に余りものの野菜があった。
レタス、玉ねぎ、トマト、カリフラワー、それにきゅうりも。
私の特製ドレッシングのレシピを知りたいって？
オリーブオイル、酢、塩、こしょう、ケチャップを混ぜるだけ。
お好みでニンニクを加えてもいいよ。

1文目：I found some leftover vegetables in the fridge. （4 拍）

　手をたたいてリズムを取りながら、赤字で示した音と音の間がほぼ同じ間隔になるように4拍のリズムをマネしてみましょう。

2文目：

I had lettuce,↗ onions,↗ tomatoes,↗ cauliflower,↗ and some cucumbers.↘

　lettuce、onions、tomatoes、cauliflowerはそれぞれの語末で声の高さが上昇し、最後の cucum- で下降し、文末の音節 -bers で最も低くなっています。

3文目：

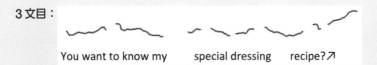

You want to know my　special dressing　recipe?↗

　文の形の上では You want で始まる肯定文のように見えますが、文末を上昇させることにより、疑問文としての意味を持たせています。

4文目：Just mix <u>olive</u> oil, <u>vinegar</u>, salt, <u>pepper</u>, and <u>ketchup</u>.

　この文に登場するほとんどの単語がカタカナ語になっていますが、それぞれの英単語の強勢位置に注意しましょう。olive /ɑ́lɪv/、vinegar /vínɪɡər/、pepper /pépər/、ketchup /kéʧəp/ のどれも、最初の音節に強勢が置かれます。

5文目：You c{a}n also add s{o}me garlic_if you like.
　　　　/ju k{ə}n ɔ́ːlsoʊ ǽd s{ə}m ɡɑ́ːrlɪk_ɪf ju láɪk/

　　　　　弱化　　　　　弱化　　　　連結

休日の様子

とは別の週末の様子です。お家でのんびり、理想的な週末を想像して楽しんでください。「コンビーフ」、「スモークチキン」といったカタカナ語を通して、語末の /d/ や /t/ がいかに脱落しやすいかを理解しましょう。

79

I spent a relaxing weekend by myself at home.

I opened a bottle of red wine.

I had it with corned beef and smoked chicken.

I got slightly drunk, but felt good.

It's a good way to spoil myself once in a while.

日本語訳

週末は家で1人のんびり過ごした
赤ワインを1本開けてね。
コンビーフとスモークチキンと一緒にいただいたよ。
少し酔ってしまったが、いい気分だった。
たまに自分を甘やかすのもいいものだね。

79

1文目： I spent a relaxing weekend by myself at home.（5拍）

手をたたいてリズムを取りながら、赤字で示した音と音の間がほぼ同じ間隔になるように5拍のリズムをマネしてみましょう。

2文目： I opened_a bottle_{o}(f) re(d) wine.
/aɪ óupənd_ə bɑ́ɾl_{ə}(v) ré(d) wáin/

連結	同化	連結	弱化	脱落	脱落

3文目： I had it with <u>corned beef</u> and <u>smoked chicken</u>.

corned beef /kɔ́ːrnd bìːf/, smoked chicken /smòukt ʧíkɪn/ ともに、「コンビーフ」、「スモークチキン」としてなじみ深い語です。

形容詞＋名詞が組み合わさった複合語は一般的には smòked chícken のように後半の語に第一強勢が置かれますが、córned bèef のようにひとまとまりの名詞として扱われる頻度が高ければ前半の語に第一強勢がシフトします。

また、corned, smoked の語末 /d/ や /t/ がカタカナ語の文字に表れていないことからも、これらの音が脱落しやすいことがわかります。

4文目：

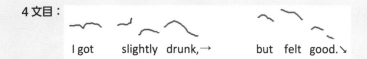

I got　slightly drunk,→　　but felt good.↘

drunk でいったん声の高さが上昇し、意味上の区切りを示した上で、この後まだ文が続くことを示しています。文末の good で声が最も低いところまで下降しています。

5文目： It's_a goo(d) way t{o} spoil myself once_in_a while.
/ɪts_ə gʊ́(d) wéɪ t{ə} spɔ́ɪl maɪsélf wʌ́ns_ɪn_ə wáɪl/

連結	脱落	弱化		連結	連結

携帯電話の状態

携帯電話が不調のようです。修理に出すか買い替えるか、迷うところです。「バッテリー」や「チャージ」といったカタカナ語にも要注意。また frequently のような長い単語は言い慣れていないとつまずくので音声をよく聞いて練習してください。

My phone is getting a bit old.

The battery runs out very quickly.

It's really annoying that I have to charge it so frequently.

Shall I get the battery replaced, or get a new phone?

I wonder if there is a shop in front of the station.

日本語訳

私の携帯電話は少し古くなってきた。
電池の減りがめちゃくちゃ早いんだ。
頻繁に充電しないといけないので本当にウザい。
バッテリーを交換してもらうか、それとも新しい電話を手に入れるか？
駅前にお店あるかな。

1文目：My phone_is getting_a bi(t) old.
/maɪ fóʊn_ɪz gérɪŋ_ə bí(t) óʊld/

連結	同化	連結	脱落

2文目：The <u>battery</u> runs out very quickly.

　battery /bǽtəri/ バッテリーはカタカナ語としてなじみ深い語ですが、強勢位置が異なるので、同じには聞こえないはずです。日本語では「バ」と「テ」の間に促音「ッ」が入りますが、英語ではこの位置に時間的な空白はありません。また、「テ」の部分は /t/ が同化して [ɾ] や [d] に聞こえることが多く、母音はあいまい母音です。

3文目：It's really annoying that I have to charge it so frequently.（5拍）

　赤字で示した音に強勢が置かれています。annoying は1語、that I have to は4語なのに、発音するのにかかる時間はほぼ変わらないことに注目してください。赤字の部分で手をたたいてリズムを取りながら、音声をよく聞いて、文全体を5拍で発音してみましょう。

4文目：

Shall I get the battery replaced,↗　　or get a new phone?↘

　replaced, の最後の音節で声の高さがいったん上昇し、文末の phone で下降しています。選択疑問文の典型的なイントネーションパターンです。

5文目：I wonder_if there_is_a shop_in front_{o}(f) the station.
/aɪ wʌ́ndər_ɪf ðéər_ɪz_ə ʃɑ́p_ɪn frʌ́nt_{ə}(v) ðə stéɪʃn/

連結		連結	連結		連結		連結	弱化	脱落

夫婦の時間①

奥さんから見た、夫の趣味のお話です。共通の趣味を持つことは、夫婦円満の秘訣かもしれません。いよいよ この Step もあと 10 本。最初は完全に聞き取ることは難しいかもしれませんが、まずは最後まで練習を進めてください。

My husband loves to listen to jazz music.

He has a collection of old records.

Because of his influence, I often listen to jazz, too.

I like hearing the sounds dance in the air.

Maybe we can go to a jazz concert someday.

日本語訳

私の夫はジャズ音楽を聞くのが大好きでね。
彼は古いレコードをコレクションしているの。
彼の影響で、私もジャズをよく聞くようになった。
音が宙を舞うのを聞くのが好きなの。
いつかジャズのコンサートにでも行こうかな。

1文目：My husband loves to listen to jazz music.（5拍）

81

手をたたいてリズムを取りながら、赤字で示した音と音の間がほぼ同じ間隔になるように5拍のリズムをマネしてみましょう。

2文目：He has a <u>collection</u> of old <u>records</u>.

collection /kəlékʃn/、records /rékərdz/ は「コレクション」、「レコード」としてなじみ深い語です。

発音するときには、collection の /l/ に注意しましょう。/r/ で発音すると correction（修正）という別の語のように聞こえてしまいます。

récords は強勢位置に注意が必要です。この文では名詞として用いられているので最初の音節に強勢を置きます。後ろの音節に強勢を置くと、動詞のように聞こえてしまいます。

3文目：

Because of his influence, →   I often listen to jazz,   too.↘

influence, の最後の音節では声の高さが下がりきらず、理由を表す副詞節であることを示した後、文末の too で最も低いところまで下降しています。

4文目：I like hearing the sounds dance in the air.（5拍）

手をたたいてリズムを取りながら、赤字で示した音と音の間がほぼ同じ間隔になるように5拍のリズムをマネしてみましょう。

5文目：Maybe we c{a}n go t{o} a jazz concer(t) someday.
　　　　/méɪbi wi k{ə}n góʊ t{ə} ə dʒǽz kɑ́nsər(t) sʌ́mdeɪ/

| 弱化 | 弱化 | 脱落 |

夫婦の時間②

での奥さんの夢が結婚記念日に叶いました！ マイアミでのジャズコンサート、ステキな時間を過ごします。anniversary、thoroughly、performance、Instagram といったシャドーイングにつまずきそうな長い単語にも要注意です。

82

It was our wedding anniversary.

So, we went to a jazz concert in Miami.

We thoroughly enjoyed the performance.

I posted a comment on Instagram.

I would like to go again if I get a chance.

日本語訳

結婚記念日だったんです。
そこで、マイアミのジャズコンサートに行ってきました。
演奏を存分に楽しみました。
インスタグラムにコメントを投稿しました。
また機会があれば行きたいですね。

1 文目：I(t) was_our wedding_anniversary.
/ɪ(t) wʌz_aʊər wédɪŋ_ænɪvə́ːrsəri/

| 脱落 | 連結 | 連結 |

2 文目：

So, →　　　we went to a jazz concert in　Miami. ↘

　冒頭の So, の後、一瞬の音の空白がありますが、ここでは音の高さは下がりきらず、この後まだ文が続くことを示した後、文末の Miami で最も低いところまで声の高さが下降します。Miámi のアクセント位置にも注意しましょう。

3 文目：We thoroughly enjoyed the performance.

　performance /pərfɔ́ːrməns/ は「パフォーマンス」としてなじみ深い語ですが、アメリカ英語では /pər/ と /fɔ́ːr/ に r の音を含むので、少し聞き取りにくいかもしれません。

　発音するときには、/fɔ́ːr/ が強く長くなることに注意して /məns/ の部分は弱く短く発音しましょう。日本語にはない音がたくさん入っている thoroughly /θə́ːroʊli/ にも注意が必要です。

4 文目：I posted a comment on Instagram.（3 拍）

　手をたたいてリズムを取りながら、赤字で示した音と音の間がほぼ同じ間隔になるように 3 拍のリズムをマネしてみましょう。

5 文目：I w{ou}ld li(ke) t{o} go again_if_I get_a chance.
/aɪ w{ə}d láɪ(k) t{ə} góʊ əgén_ɪf_aɪ gér_ə tʃǽns/

| 弱化 | 脱落 | 弱化 | | 連結 | 連結 | 同化 | 連結 |

趣味の時間

音楽に加えてアートと、多趣味な話し手の様子を想像しながらシャドーイングしましょう。好きなことに没頭できる、貴重な週末の様子です。「ホビー」、「ペインティング」、「アートクラス」などといった趣味関連のカタカナ英語にも要注意です。

One of my hobbies is painting.

It's been 5 years since I started.

I take an art class every Sunday morning.

I think I'm getting better at it.

Concentrating on painting refreshes my mind.

日本語訳

私の趣味の1つは絵を描くことだ。
始めてからもう5年になる。
毎週日曜日の午前中は絵画教室に通っていてね。
だんだん上手になってきている気がする。
絵を描くことに集中することで、心がリフレッシュされるんだ。

1文目：One of my hobbies is painting.（3 拍）

　手をたたいてリズムを取りながら、赤字で示した音と音の間がほぼ同じ間隔になるように 3 拍のリズムをマネしてみましょう。

2文目：It's b{ee}n 5 year(s) since_I started.
　　　　/ɪts b{ɪ}n 5 jíər(z) sɪns_aɪ stáːrɾɪd/

| 弱化 | 脱落 | 連結 | 同化 |

3文目：I take an art class every Sunday morning.

　art class /áːr(t) klǽs/ は「アートクラス」としてなじみ深い語ですが、art の /t/ が脱落するため聞き取りにくいかもしれません。名詞が 2 つ組み合わさった複合語では、ほとんどの場合、前半の名詞に第一強勢が置かれます。

4文目：I think_I'm getting better_at_it.
　　　　/aɪ θíŋk_aɪm gérɪŋ bérər_əɾ_ɪt/

| 連結 | 同化 | 同化 | 連結 | 同化 | 連結 |

5文目：Concentrating on painting refreshes my mind.（4 拍）

　手をたたいてリズムを取りながら、赤字で示した音と音の間がほぼ同じ間隔になるように 4 拍のリズムをマネしてみましょう。

家族の様子①

息子はオンラインゲームに熱中。注意するべきか、本人に任せておくべきか、揺れる親心です。選択疑問文の典型的なイントネーションが再度現れています。

It seems my son can't live without the internet.

He's recently become obsessed with online games.

He plays games with people from all over the world.

He says he practices English while playing games.

Should I tell him to stop, or leave him alone?

日本語訳

息子はインターネットなしでは生きていけないようでね。
最近はオンラインゲームにハマっているのよ。
世界中の人と一緒にゲームしているの。
ゲームをしながら英語の練習をしていると言っているんだけど。
やめるように言った方がいいのか、それとも放っておいた方がいいのか。

1文目：It seems my son can'(t) live withou(t) the internet.
/ɪt síːmz maɪ sʌn kǽn(t) lív wɪðáʊ(t) ðɪ ínnərnet/

脱落　　脱落　　同化

2文目：He's recently become obsessed with <u>online games</u>.

online games は「オンラインゲーム」としてなじみ深い語ですが、冒頭の /ɑ/ が日本語の「オ」とは異なるため、聞き取りにくいかもしれません。

また、onlíne は1語だけで発音すると2音節目に強勢が置かれますが、直後に強勢のある gámes が続いているため、強勢位置がシフトした結果、/ʌ́nlaɪn géɪmz/ と発音されています。

3文目：He plays games w{i}th people fr{o}m_all_over the world.
/hi pléɪz géɪmz w{ə}ð píːpl fr{ə}m_ɔ́ːl_ovvər ðə wə́ːrld/

弱化　　　弱化　連結　連結

4文目：He says he practices English while playing games.（5拍）

手をたたいてリズムを取りながら、赤字で示した音と音の間がほぼ同じ間隔になるように5拍のリズムをマネしてみましょう。

5文目：

Should I tell him to stop,↗　　　or leave him alone?↘

stop, でいったん声の高さが急激に上昇し、文末の alone の最終音節で最も低いところまで下降しています。選択疑問文の典型的なイントネーションパターンです。

家族の様子②

今日は家族総出で、大掃除です。ここでは2文目と3文目が、韻を踏んだような形になっています。目で見たときの文字の長さに惑わされずに、どちらも3拍でリズム良く発音しましょう。

We decided to clean our entire house today.

My son is fixing the door.

My daughter is vacuuming the floor.

My husband is cleaning the garage.

And my job? To watch them work.

日本語訳

今日は家全体を掃除することにしたの。
息子は、ドアの修理。
娘は、床を掃除機で掃除。
夫は、ガレージを掃除しているわ。
私の仕事？　みんなの仕事ぶりを監視すること。

1 文目: We decide(d) t{o} clean_our entire house today.
/wi dɪsáɪdɪ(d) t{ə} klíːn_aʊər ɪntáɪər háʊs tədéɪ/

脱落　弱化　連結

2 文目: My son is fixing the door. (3 拍)

　手をたたいてリズムを取りながら、赤字で示した音と音の間がほぼ同じ間隔になるように 3 拍のリズムをマネしてみましょう。

3 文目: My daughter is vacuuming the floor. (3 拍)

　2 文目と比べると、son – daughter、fixing – vacuuming のように、こちらの文の方が音節数が多いにもかかわらず、同じように 3 拍のリズムが保たれています。

4 文目: My husband is cleaning the <u>garage</u>.

　garage /gərɑ́ːʒ/ はカタカナ語の「ガレージ」とは異なって聞こえるので注意しましょう。ここでは 2 音節目に強勢を置いていますが、1 音節目に強勢を置いて /gǽrɑːʒ/ と発音する人もいます。

5 文目:

And my　job?↗　　　　　To watch them work.↘

　冒頭の And my job? で声の高さが急激に上昇し、これが疑問文であることを示しています。次の文の文末 work で声が最も低いところまで下がり、冒頭の質問に対する答えを示しています。

家族でお出かけ①

今日は早起きして、家族でお出かけです。「スペシャル」、「テーマパーク」、「モーニング」、「アトラクション」、「ファンタスティック」といったカタカナ語のリスニングには注意しましょう。

⑧⑥

We took a special trip to a theme park.

The kids were really looking forward to it.

We got in the car at around 6 in the morning.

After a long drive, we got to the park by 8:30.

All the rides and attractions were fantastic.

日本語訳

わざわざテーマパークまで出かけた。
子供たちはめちゃくちゃ楽しみにしていてね。
朝6時頃に車に乗り込んだんだ。
長いドライブの後、8時30分にはパークに着いた。
すべての乗り物とアトラクションが素晴らしかったね。

86

1文目：We took a special trip to a <u>theme</u> <u>park</u>.

theme park /θíːm pɑ̀ːrk/ はカタカナ語の「テーマパーク」とは異なって聞こえるので注意しましょう。theme の最初の子音は /θ/ という摩擦音ですし、最後は「マ」ではなく子音 /m/ で終わります。

発音するときには、/θ/ では舌先と上の歯のすき間で摩擦の音を出すこと（21 ページ参照）、theme の最後に /m/ を発音した後に口を開かず、同じ口の形のままで park の最初の /p/ を発音すると、伝わりやすくなります。

2文目：The kids were really looking forward to it.（3 拍）

赤字で示した音に強勢が置かれています。looking も内容語ですが、look forward to でひとまとまりの意味を持ち、強勢がある音節が前後すぐ近くにあるので、弱めに発音されています。

音声を聞くと、強勢が置かれる音節間の時間的間隔がほぼ同じぐらいで、文全体で 3 拍のリズムを作っていることがわかります。

3文目：We got_in the car_at_aroun(d) 6_in_the morning.
/wi gɑ́r_ɪn ðə kɑ́ːr_əɾ_əráʊn(d) 6_ɪn_nə mɔ́ːrnɪŋ/

| 同化 | 連結 | | 連結 | 同化 | 連結 | | 脱落 | 連結 | 連結 | 同化 |

4文目：

After a   long   drive,→   we got to the park by   8:30.↘

After a long drive, の後、一瞬の音の空白がありますが、声の高さは下がりきらず、まだ文が続くことを示した上で、文末の 8:30 で最も低い音まで下降しています。

5文目：All the rides_{a}nd_attractions were fantastic.
/ɔ́ːl ðə ráɪdz_{ə}nd_ətrǽkʃnz wər fæntǽstɪk/

| 連結 | 弱化 | 連結 |

家族でお出かけ②

テーマパークからの帰り道、パン屋に長蛇の列ができていました。そのお味は？英語のリズムやイントネーションに加え、「ホーム」、「ベーカリー」、「ポピュラー」、「レビュー」といったカタカナ語の響きに惑わされないように注意しましょう。

87

On the way home, we found a bakery.

There was a long line of people waiting to get in.

We thought it must be a popular place, so we joined the queue.

After 30 minutes, we finally got our food, but it was quite ordinary.

I posted a review online that evening.

日本語訳

帰り道、パン屋を発見。
入場待ちの長い列ができていた。
人気店に違いないと思い、列に並んだんだ。
30分後にようやく食べたけど、味はごく普通だった。
その日の夜、ネットにレビューを投稿したよ。

1文目：On the way home, we found a <u>bakery</u>.

　bakery /béɪkəri/ は、「ベーカリー」としてなじみ深い語ですが、最初の音 /béɪ/ は「ベー」のように伸ばす音ではなく、二重母音です（27 ページ参照）。

　発音するときには /kər/ の部分で口を大きく開けすぎずに、r 音性母音の音に注意しましょう（58ページ参照）。

2文目：There was a long line of people waiting to get in.（5 拍）

　赤字で示した音に強勢が置かれています。最初の There was a には強勢がないので、文の最初から力を入れず、long を最初の拍と考え、そこで手をたたいてリズムを取って、5 拍で発音してみましょう。

3文目：

We thought it must be a popular place,→　　　so we joined the queue.↘

　place, の後に時間的な空白がありますが、声の高さは下がりきらず、文がこの後にも続くことを示した上で、文末の queue で声の高さが最も低くなります。

4文目：

After 30 minutes,　we finally got our food,↗　　　but it was　quite ordinary.↘

　minutes の最後の音節と food で声の高さが上昇し、意味上の区切りを示し、この後まだ文が続くことを示した上で、ordinary の最後の音節で声が最も低くなり、文が終わったことを示しています。

5文目：I posted_a review online th{a}t_evening.
　　/aɪ póʊsɾɪd_ə rɪvjúː ɑnláɪn ð{ə}ɾ_íːvnɪŋ/

同化	連結

弱化	同化	連結

お花見

⑧のパン屋には、ややガッカリ。それなら弁当を買えばよかった……。お花見弁当の回想シーンです。さぁ、この Step もいよいよ後わずか。「ランチ」、「チェリー」、「ツリー」などのカタカナ語に注意しましょう。

We could have got boxed lunches somewhere else.

Every spring, we go and see cherry blossoms.

We usually enjoy boxed lunches under the trees.

It's also beautiful when they are all lit up at night.

I like walking in the park and looking at the blossoms.

日本語訳

他の場所でお弁当を買うことだってできたけど。
毎年春になると、お花見に行くよね。
桜の木の下でお弁当を食べるのが定番。
夜、ライトアップされた桜もきれいだよね。
公園を散歩しながら桜を眺めるのが好きだな。

1文目：We could have got boxed lunches somewhere else.（6拍）

　3語目の have には強勢が置かれず弱形で発音するため、/kúd (h)ə(v) gát/ のように、/ə/しか聞こえません。強勢が置かれる語が全部で6つになるよう発音しましょう。

2文目：Every spring, we go and see cherry blossoms.（6拍）

　手をたたいてリズムを取りながら、赤字で示した音と音の間がほぼ同じ間隔になるように6拍のリズムをマネしてみましょう。

3文目：We usually enjoy boxed lunches under the <u>trees</u>.

　trees /tríːz/ は「ツリー」としてなじみ深い語ですが、語頭は「ツ」ではなく、直後に /r/ を伴う子音の連続です。発音するときには、唇を丸めて /r/ の準備をしておいて、/t/ を発音してすぐに舌先を口の奥に引っ込めると英語らしくなります。

4文目：It's_also beautiful when they {are}_a(ll) lit_up_a(t) night.
　　　　　/ɪts_ɔ́ːlsoʊ bjúːrəfl wén ðeɪ {ər}_ɔ́ː(l) lír_ʌp_ə(t) náɪt/

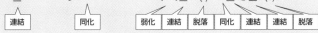

| 連結 | | 同化 | | 弱化 | 連結 | 脱落 | 同化 | 連結 | 連結 | 脱落 |

5文目：I like walking_in_the park_{a}n(d) looking_a(t) the blossoms.
　　　　　/aɪ láɪk wɔ́ːkɪŋ_ɪn_nə páːrk_{ə}n(d) lʊ́kɪŋ_ə(t) ðə blɑ́səmz/

| 連結 | 連結 | 同化 | 連結 | 弱化 | 脱落 | 連結 | 脱落 |

銭湯にて①

日本の古き良き文化、銭湯でのシーンです。ここでは3文目と4文目が、韻を踏んだようなきれいな形になっています。目で見たときの文字の長さに惑わされずに、どちらの文も4拍のリズムを作っていることを理解しましょう。

After a good walk, it's nice to go to a public bath.

I see a family sitting on stools.

The father is scrubbing his son's back.

The boy is scrubbing his grandfather's back.

Public baths are a part of Japanese culture.

日本語訳

楽しく散歩した後、銭湯に行くのもいいよね。
バススツールに座っている家族が見える。
お父さんが息子の背中を洗っている。
少年は祖父の背中を洗っている。
銭湯は日本文化の一部だねえ。

89

1文目： After_a goo(d) walk, it's nice t{o} go t{o} a publi(c) bath.
/ǽftər_ə gú(d) wɔ́ːk ɪts náɪs t{ə} góʊ t{ə} ə pʌ́blɪ(k) bǽθ/

連結　脱落　　　弱化　弱化　脱落

2文目： I see a family sitting on <u>stools</u>.

　stools /stúːlz/ はカタカナ語の「スツール」とは異なって聞こえるので注意しましょう。「ツー」の部分は /túː/ と発音されますし、/l/ は「ル」のように舌先を弾く音ではなく、舌先を上歯の付け根のあたりに押し付けて発音する音です。

3文目： The father is scrubbing his son's back.（4拍）

　手をたたいてリズムを取りながら、赤字で示した音と音の間がほぼ同じ間隔になるように4拍のリズムをマネしてみましょう。

4文目： The boy is scrubbing his grandfather's back.（4拍）

　赤字で示した音に強勢が置かれています。father ― boy, son ― grandfather のように、3文目と4文目では音節数が異なった名詞が使われていますが、それでも文全体では4拍のリズムが保たれています。

5文目： Publi(c) baths_{are}_a part_{o}(f) Japanese culture.
/pʌ́blɪ(k) bǽθs_{ər}_ə pɑ́ːrɾ_{ə}(v) ʤǽpəniːz kʌ́ltʃər/

脱落　連結　弱化　連結　同化　連結　弱化　脱落

銭湯にて②

Step 3もいよいよこれで最後。英語のリズムやイントネーションに加え、「シャワー」、「ボトル」、「ソープ」、「シャンプー」、「ボディ」といったカタカナ語に注意しましょう。皮肉を言うときのイントネーションも要チェック。

 90

A young man is taking a shower.

He has his own bottles of soap and shampoo.

He washes every inch of his body.

He left without getting into the main bath.

Why did he come to the public bath?

日本語訳

1人の青年がシャワーを浴びている。
彼は自分の石鹸とシャンプーのボトルを持っている。
体の隅々まで洗っている。
彼は大浴槽に入らずに帰ってしまった。
なぜ彼は銭湯に来たんだろう？

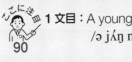

1 文目：A young man_is taking_a shower.
/ə jʌ́ŋ mǽn_ɪz téɪkɪŋ_ə ʃávəɹ/

連結　　　連結

2 文目：He has his own bottles of soap and <u>shampoo</u>.

　shampoo /ʃæmpúː/ はカタカナ語の「シャンプー」と強勢位置が異なるので、聞き取りにくいかもしれません。カタカナ語ではシャンプーのように語頭を高く発音しますが、shampóo では最後の音節に強勢があります。

3 文目：He washes every inch of his body.（4 拍）

　手をたたいてリズムを取りながら、赤字で示した音と音の間がほぼ同じ間隔になるように 4 拍のリズムをマネしてみましょう。

4 文目：He lef(t) withou(t) getting_int{o} the main bath.
/hi léf(t) wɪðáʊ(t) gérɪŋ_ɪnt{ə} ðə méin bǽθ/

脱落　　脱落　同化　連結　弱化

5 文目：

Why　did he　come to the public　bath?↘

　Wh- 疑問文は通常、文末でいったん声の高さが上昇してから急激に最も低いところまで下降するのが典型的なパターンですが、上記では did he の音が最も高くなっています。これまでのストーリー展開から、やや皮肉をこめて「なぜ来たのか？」に焦点を当てているからです。

4つの「省エネ」は日本語でも起きている?!

　連結・脱落・同化・弱化という音声変化の仕組みは一見、複雑そうです。ですが、これは人間の口が「省エネ」をするために自然に起こる現象なので、実は英語に限った話ではありません。ここでは日本語を例に考えてみましょう。

①**連結**：banana という文字を見て「バン アン ア」と読む人がいない、ということに関係しています。日本語であれ英語であれ、子音の後ろに母音が続くとき、この2つをつなげて発音する方が効率が良いのです。ただし、子音で終わる単語が多い英語では、Come_on_in. のように単語と単語の境界をまたいでこの現象が起こるため、その音声を聞き取る場合、「連結している単語を頭の中で切り分けて聞き取る力」が必要になります。

②**脱落**：「没頭」という語は「ボツ」と「トウ」という音読みの漢字2つで成り立っていますが、「ボットウ」と読みます。「ツ」「ト」のように強い息を必要とする音が連続したときに、最初の「ツ」の部分で音を破裂させずに「ト」に進んだ方が効率が良いからです。I heard you as(k)ed (h)er out. のような英文で子音が連続するときにも同様のことが起こります。

③**同化**：「筆箱」という語は「フデハコ」ではなく、「フデバコ」と読みます。これは「フデ」の最後の「デ」の濁音が「ハコ」の最初の「ハ」に影響を及ぼすからです。「一匹」は「イチヒキ」ではなく「イッピキ」と発音し、「チ」と「ヒ」が「ッピ」に変化しています。これも発音しやすさのためです。Last year が /lǽst jíər/ ではなく /lǽstʃíər/ と発音される現象と似ています。

④**弱化**：「月夜の鶴」と口に出して言ってみてください。「ツキ」の「ツ」の母音部分は「ツル」の「ツ」よりも弱く、ほとんど母音が聞こえないはずです。日本語は理屈の上ではほとんどの音に母音を含みますが、実際に発音するときに全部の母音をハッキリ発音すると効率が悪いので、自然に母音が無声化するのです。Some more coffee? の Some が強形の /sʌ́m/ ではなく、弱形の /s(ə)m/ と発音されることに似ています。

Step 4

名言
シャドーイング

有名人によるスピーチや朗読音声の中から、人に物事を伝えるときの話の順序や定型パターンのお手本になりそうな部分のみを、抜粋して取り上げます。あらかじめ綿密に練って構成された内容のほんの一部ですから、どのような文脈でこの抜粋部分が話されているのかを把握した上で、区切り方や話速、声の調子を工夫できるようになりましょう。

マイケル・ジョーダンのスピーチ

ここに引用する英文は、2020年2月、ヘリコプターの墜落事故で亡くなったバスケットボール選手コービー・ブライアントの追悼式でのマイケル・ジョーダンによるスピーチです。

91

I'm grateful to Vanessa and Bryant family for the opportunity to speak today. I'm grateful to be here to honor Gigi and celebrate the gifts that Kobe gave us all—what he accomplished as a basketball player, as a businessman, and a storyteller and as a father. In the game of basketball, in life, as a parent—Kobe left nothing in the tank. He left it all on the floor.

Maybe it surprised people that Kobe and I were very close friends. But we were very close friends. Kobe was my dear friend. He was like a little brother. Everyone always wanted to talk about the comparisons between he and I. I just wanted to talk about Kobe.

日本語訳

今日話す機会を与えてくれたヴァネッサとコービー・ブライアントの家族に感謝します。重ねて（娘さんの）Gigi を称え、コービーが私たち全員に与えてくれた贈り物を祝うためにここにいることに感謝しています。彼はバスケットボール選手であり、実業家であり、作家であり、良き父親でもありました。バスケットボールの試合中でも彼の人生でも、親として——彼はやり残したことは何もありませんでした。すべてを置いていきました。

みなさんはコービーと私がとても親しい友人だったことに驚かれたかもしれません。しかし、私たちはとても親しい友人でした。コービーは私の親愛なる友人でした。彼は弟のようでした。世間はいつも彼と私を比べたがっていたけどね。私はただコービーについて話したかったのです。

涙を流しながらもユーモアを込めてコービーとの思い出を語り会場の泣き笑いを誘った追悼スピーチの、冒頭部分のみを抜粋しました。追悼演説に限らず、大抵のスピーチは感謝の言葉から始まり、自分の立場を簡単に説明しつつ、スピーチの主題へと移ります。どんな目的のスピーチにも応用できる、**冒頭の定型パターン**をマスターしましょう。

ポイント1：【感謝の言葉】

I'm grateful to... という文を2回続けて、自分が演台に立つ機会を与えられたことに対する感謝の言葉を述べています。Vanessa は亡くなったコービーの妻、Gigi はコービーと一緒にヘリコプターに乗っていて亡くなった娘の名前です。通常のスピーチなら自分を招いてくれた主催者や司会者に向けて華やかな声のトーンで感謝を示しますが、ここでは悲しみをこらえながら原稿を読んでいるため、声のアップダウンの幅が狭くなっています。

ポイント2：【自分の立場】

この追悼演説までは自分とコービーがプライベートでも親しい関係にあったことは広く知られていなかったため、Maybe it surprised people... 以降で、自分とコービーとの関係についてふれています。この部分も声の上下の振れ幅が小さいですが、通常のスピーチをこのトーンで行うと威圧的に聞こえてしまう恐れがあるので、ここでは声のトーンをマネする必要はありません。

ポイント3：【スピーチの主題】

この演説の主題を非常に簡潔に述べています。I just wanted to talk / about Kobe. のように I に強勢が置かれているのは、直前の Everyone always wanted to talk / about... と対比して「世間はいつも彼と私を比べたがっていたけどね。私はただコービーについて話したかったのです」というように、コービーに対する自分の思いを、これから話そうとしているからです。

以上のポイントを理解してシンクロ・リーディングができるようになったら、最終的には、自分なら悲しみをどう表現するか考えながら音読しましょう。

★右記のサイトでスピーチの全文が聞けます。

エマ・ワトソンのスピーチ

子役時代には「ハリー・ポッター」シリーズのハーマイオニ役で知られたエマ・ワトソンが国連女性機関 (UN Women) の親善大使として行ったスピーチのクロージング部分です。

 92

I am willing to be seen.

I am willing to speak up.

I am willing to keep going.

I am willing to listen to what others have to say.

I am willing to go forward even when I feel alone.

I am willing to go to bed each night, at peace with myself.

I am willing to be my biggest, best-est, most powerful self.

....

At the end of the day, and when all is said and done, I know that these are the ways that I want to have lived my life.

日本語訳

私は目立つことを厭いません。

私は言いたいことを言うつもりです。

私はこのまま進み続けます。

私は人が真剣に言うことにじっくり耳を傾けるつもりです。

私はたとえ自分がひとりぼっちだと感じても前に進みます。

私は毎晩、安らかな心でベッドに入ります。

私は最大の、超最高の、最強の自分になるつもりです。（中略）

結局のところ、何だかんだ言っても、これらが、自分の人生はこうありたかったと私が望んでいる生き方だと思うのです。

スピーチの終盤部分では、それまでに話した内容を網羅するように、**くり返し表現を用いて畳みかけるような手法**がよく用いられます。スピーチの全体としては、自分がこれまでにどのような批判や励ましを受けてきたかをメイン部分で語っていました。それらの経験1つ1つを想起させる形で、今後の展望に対する強い意志を7つの文にまとめているのが、このページで抜粋した部分です。

ポイント1：【区切りとイントネーション】
I am willing to... で始まる文が7回続きます。すべての文が下降調で断言するイントネーションになっていますが、区切りの入れ方が異なるため単調にならず、1つ1つの文に強い意志が込められていることがわかります。特に最後の1文の文末では、1語1語を切ってはっきりと発音しています。

I am willing to be seen. ↘
I am willing / to speak up. ↘
I am willing to keep going. ↘
I am willing to listen / to what others have to say. ↘
I am willing / to go forward even when I feel alone. ↘
I am willing to go to bed each night, / at peace / with myself. ↘
I am willing / to be my biggest, / best-est, / most / powerful / self. ↘

ポイント2：【I am willing to... に込められた想い】
1文目の I am willing to be seen. という言葉の使い方から「逃げ隠れするつもりはない」という強さが感じられます。つまり、これまでに受けてきた脅迫に屈して身を隠したり沈黙したりせず、受けて立つという覚悟がこのフレーズに込められているのです。

ポイント3：【くだけた表現】
7行目の文では、best（最高の）という最上級の表現にさらに -est をつけて「超最高の」という気持ちを冗談めかして伝えています。直前の6つの声明によって堅苦しくなった場を和ませるために意図的に用いたとも考えられます。

★右記のサイトでスピーチの全文が聞けます。

ジェフ・ベゾスのスピーチ

下記の英文は、2010 年に Amazon 創業者であるジェフ・ベゾスが母校であるアメリカのプリンストン大学で行ったスピーチの終盤部分です。❷のエマ・ワトソンのスピーチと同様に、くり返される表現に注目しましょう。

 93

Tomorrow, in a very real sense, your life—the life you author from scratch on your own— begins.

How will you use your gifts? What choices will you make? Will inertia be your guide, or will you follow your passions? Will you follow dogma, or will you be original? Will you choose a life of ease, or a life of service and adventure? Will you wilt under criticism, or will you follow your convictions? Will you bluff it out when you're wrong, or will you apologize? Will you guard your heart against rejection, or will you act when you fall in love? Will you play it safe, or will you be a little bit swashbuckling? When it's tough, will you give up, or will you be relentless? Will you be a cynic, or will you be a builder? Will you be clever at the expense of others, or will you be kind?

日本語訳

明日、まさに本当の意味で、あなたの人生、あなたがゼロから生み出す人生が始まります。

自分の才能をどのように使うつもりですか？　あなたはどんな選択をしますか？
自分の進む道を惰性に任せますか、それとも自分の情熱に従いますか？
定説に従いますか、それとも独創的であろうとしますか？
楽な人生を選びますか、それとも人の役に立って冒険に満ちた人生を選びますか？
非難されたら意気消沈しますか、それとも自分の信念に従いますか？
間違ったときはごまかしますか、それとも謝りますか？
拒絶に対して自分の心を守りますか、それとも恋に落ちたら行動しますか？
安全第一ですか、それとも少し強気に出ますか？
タフな局面の際にはあきらめますか、それとも粘り続けますか？
皮肉屋になりますか、それとも何かを生み出す人になりますか？
他人を犠牲にしてする賢くなりますか、それとも他人に優しくなりますか？

Cleverness is a gift, kindness is a choice. (賢さは才能だが、優しさは選択である) というメッセージがテーマのスピーチです。スピーチ前半、全体の3分の1ほどの時間を使って子供の頃の祖父母との思い出を語り、中盤では要所要所で「自分に与えられた才能をどのように活かす選択をするか」と卒業生に問いかけることによりキーフレーズを上手に印象付けるスピーチです。ここではスピーチ終盤で「才能」「選択」というキーフレーズをもう一度引き出す形で卒業生に**くり返し問いかける部分**を抜粋します。

ポイント1：【話題の転換】
この抜粋部分の直前までは Amazon 立ち上げに至るまでに自分がどのような選択をしたかという話をしており、Tomorrow, in a very real sense, your life—the life you author from scratch on your own— begins. の文から卒業生への問いかけが始まります。自分の体験談から卒業生への問いかけに話題が転換することをハッキリさせるため、この文には your、you という語が3回含まれており、最初の2つには強勢を置いています。

ポイント2：【スピーチのキーフレーズ】
スピーチ終盤のクライマックスとなる Will you... のくり返しの最初と最後に、このスピーチ全体のキーフレーズとなる gifts、choices、clever、kind を入れて、「スピーチの中で、こんな話があったな」と思い出させる仕組みになっています。スピーチ中盤で何度も出てきたフレーズなので、特に力を入れて強調しなくても耳に残るよう、スピーチ全体の構成が工夫されています。

ポイント3：【選択疑問文のイントネーション】
Will you..., or will you...? という疑問文がくり返されています。ほとんどの文は、or の直前のフレーズでいったん上昇し、or の後のフレーズを下降させて終わる選択疑問文の定型通りのイントネーションですが、スピーチの終わりに近づくにつれて、下降調のイントネーションが増えていきます。特に最後の Will you be clever at... で始まる文は上昇させず、「他人を犠牲にしてずる賢くなる」は選択肢として提示するというよりは、そのような人になってほしくないというニュアンスを含んでいます。

★右記のサイトでスピーチの全文が聞けます。

ビヨンセのスピーチ

2020年に開催されたYouTube上のオンライン卒業式 Dear Class of 2020 にビヨンセが出演し、約10分間のスピーチを披露しました。ここではその中でも特に感動的なハイライト部分を抜粋します。

I'm often asked, "What's your secret to success?" The shorter answer, put in that work. There may be more failures than victories. Yes, I've been blessed to have 24 Grammys, but I've lost 46 times. That meant rejection 46 times.

Please don't ever feel entitled to win, just keep working harder. Surrender to the cards you are dealt. It's from that surrender that you get your power. Losing can be the best motivator to get you even bigger wins.

So never compare yourself to anyone else. There will be wins and losses. There will be tears and laughter. You'll feel the shades of life deeply.

Now with success comes challenges. With your wins, you may start to notice people spending a lot of energy trying to tear you down. Try not to take it personally. Unfortunately, it's something that comes along with success.

日本語訳

私はよく「あなたの成功の秘訣は何ですか」と聞かれます。短く答えると、その仕事に打ち込むことです。成功するよりも失敗の方が多いかもしれません。ええ、私はありがたいことにグラミー賞を24回受賞していますが、46回は受賞を逃しています。ということは、46回、断られたのです。

自分が勝つのが当然だと決して思わないでください。とにかく、懸命に努力し続けてください。自分に与えられた運命を受け入れてください。運命を受け入れて初めて、あなたは力を手に入れるのです。負けることは、より大きな勝利を手に入れるための最高の動機づけとなりうるのです。

したがって、決して自分を誰とも比較しないでください。勝つこともあれば、負けることもあるでしょう。泣くこともあれば、笑うこともあるでしょう。人生には様々な色合いがあることを深く感じるでしょう。

そして成功には困難が伴います。あなたが勝つと、大変なエネルギーを使ってあなたをこき下ろそうとする人たちがいることに気づくようになるかもしれません。個人的に受け止めないようにしてください。残念ながら、そうしたことは成功につきものなのです。

黒人女性アーティストとしてこれまでも力強いメッセージを発信してきたビヨンセによるスピーチからの抜粋です。成功の秘訣について、**メロディをつければそのまま楽曲になるようなリズム**で、短い文をつないでいく形で伝えています。この抜粋部分以外では、黒人差別反対運動・周囲の人々への感謝・音楽業界での性差別についても触れています。YouTubeで公開されているスピーチ全体もぜひ聞いてみてください。

ポイント1：【言葉のリズム】

全体的に、文やフレーズを短く区切ってテンポよく、次々と言葉を重ねていくようなリズムが感じられることが、このスピーチの大きな特徴です。この抜粋部分では、1文ごとの長さがほぼ4-5秒ずつに揃っていますが、文末の声の高さに変化があるため単調には聞こえません。シンクロ・リーディングする際には、リズムと声の高低の両方に注意してマネてみましょう。

ポイント2：【良いことと悪いことのくり返し】

There will be... で始まる文が、wins and losses（勝つこともあれば負けることもある）、tears and laughter（泣くこともあれば笑うこともある）のように意味的に相反する語を伴って、まったく同じリズムで発音されています。1文目と2文目では、ポジティブなこと・ネガティブなことを取り上げる順番が反対になっています。これは、wins, tears は1音節であるのに対して losses, laughter は2音節なので、この順に並べる方が同じリズムを保ちやすいからだと考えられます。

ポイント3：【声の調子でメッセージを伝える】

4段落目の With your wins, you may start to notice... の部分は、苦笑いしながら話している様子が声の感じからわかります。成功した人を蹴落とそうとする人たちを相手にするなというメッセージを、言葉の上だけでなく、声の調子でも伝えています。ばかばかしいことにエネルギーを使う人たちを笑い飛ばして一蹴する、力強さが感じられる部分です。

以上のポイントを踏まえ、シンクロ・リーディングができるようになったら、最終的には、自分が誰かを励ますために話している様子を想像しながら音読しましょう。

★右記のサイトでスピーチの全文が聞けます。

スティーブ・ジョブズのスピーチ

下記の英文は、2005年にスティーブ・ジョブズがスタンフォード大学の卒業式で行ったスピーチからの抜粋です。スピーチは全体で15分ほどありますが、スピーチの骨組みとなる部分を中心に引用します。

Today I wanna tell you three stories from my life. That's it. No big deal. Just three stories.

The first story is about connecting the dots. .... Again, you can't connect the dots looking forward; you can only connect them looking backwards. So you have to trust that the dots will somehow connect in your future.

My second story is about love and loss. .... Sometimes life's gonna hit you in the head with a brick. Don't lose faith. I'm convinced that the only thing that kept me going was that I loved what I did.

My third story is about death. .... Your time is limited, so don't waste it living someone else's life.

日本語訳

今日は私の人生から得られた3つの話をみなさんにお話したいと思います。それだけです。大したことではありません。たった3つの話です。

最初の話は、点をつなぐことについてです。(中略)くり返します、未来を見ながら点をつなぐことはできません。過去を振り返って初めて点をつなぐことができるのです。ですからみなさんは、未来において点が何かの形でつながることを信じなければいけません。

私の2番目の話は、愛と喪失についてです。(中略)時にはレンガで頭を殴られるような人生もあります。それでも信念を失わないでください。私は、自分がやっていることを愛しているからこそ、続けられたのだと確信しています。

私の3番目の話は、死についてです。(中略)あなたの人生は限られています。だから、誰か別の人の人生を生きることで浪費してはいけません。

このスピーチ全体は、簡潔な1段落目に続いて3つのストーリーを段落に分けて紹介するという構成になっています。さらに、それぞれの段落内でも、**最初の1文で主題を示し、最後に主題に直結する結論**を述べており、わかりやすいスピーチのお手本のような構成です。Stay Hungry. Stay Foolish. という有名なフレーズは、今回抜粋した段落の後に出てきます。最後の段落のこのフレーズが心に響くのは、それまでの段落で確実に印象に残るメッセージを示しているからです。ここでは4段落目までの重要なポイントを抜き出しています。

ポイント1：【数を示す】

最初の短い段落では「3つだけ話をさせてください」と、具体的に数字で示しています。卒業式でのスピーチですから、聴衆の中には話を聞くよりも早くパーティーに行きたい学生も含まれている中で、具体的に「3つ」と言われると聞く姿勢も変わってきます。No big deal. Just three stories. のように、前置詞などを挟まず内容語のみを並べて、聞かせたい部分を強調する話し方をしていることにも注目しましょう。

ポイント2：【段落最初の1文】

それぞれの段落の最初の1文はすべて「1つ目は、2つ目は、3つ目は」で始まります。1つ目の話題は connecting the dots（点をつなぐこと）、2つ目は love and loss（愛と喪失）、3つ目は death（死）、というようにキーワードを物語の「小見出し」のように示しています。また、その直前にポーズを入れることにより、聞き手が重要なキーワードに集中できるよう工夫しています。

ポイント3：【各段落の結論】

左の日本語訳で（中略）と示した部分には数分間のトークが含まれていますが、段落の終わりでは必ず段落最初の「小見出し」で用いた語を想起させるフレーズを散りばめ、その段落が何の話だったのかをまとめています。また、このまとめの部分では必ず you や your などの代名詞が使われていることにも注目しましょう。単に自分のサクセスストーリーを披露するだけでなく、それぞれのストーリーが卒業生に向けたメッセージにつながっています。

★右記のサイトでスピーチの全文が聞けます。

フォン・デア・ライエン欧州委員長のスピーチ

2023年1月に開かれたダボス会議（世界経済フォーラム年次総会）でのウルズラ・フォン・デア・ライエンEU欧州委員長によるスピーチから、グリーン・ディール産業計画の構想を初めて公表した部分を抜粋します。

Our Green Deal Industrial Plan will be covering four different pillars: the regulatory environment, financing, skills, and trade.

The first pillar is about speed and access. .... This is pillar one. Speed and access through the Net-Zero Industry Act.

The second pillar of the Green Deal Industrial Plan will boost investment and financing of clean-tech production. .... So the second pillar is, funding and state aid.

The third pillar of the Green Deal Industrial Plan will be developing the needed skills to make this transition happen. ....

The fourth pillar will be to facilitate open and fair trade to the benefit of all.

日本語訳

グリーンディール産業計画は、規制環境、資金調達、技術、貿易という4つの柱をカバーする予定です。

最初の柱は（規制環境の改善による）スピードとアクセスについてです。（中略）これが第1の柱です。ネット・ゼロ産業法を通じて、スピードとアクセスの向上を実現します。

グリーンディール産業計画の2つ目の柱は、クリーンテック（環境保全）生産への投資と資金調達を後押しするものです。（中略）つまり、2つ目の柱は、資金調達と国家援助です。

グリーンディール産業計画の3つ目の柱は、この移行を実現するために必要な技術を開発することです。（中略）

第4の柱は、すべての人の利益のためにオープンでフェアな貿易を促進することです。

国際語としての英語のお手本のような聞き取りやすい話し方で、力強く自信に満ちた、安定感のあるスピーチです。文を短く区切ってはっきりと話しているため聞き取りやすいだけでなく、非常にわかりやすい段落構成でスピーチが組み立てられています。ここではスピーチの終盤で重大な計画を発表した部分を抜粋します。(95)と同様に、**先に論点を目次のように示してから、その目次に沿って話を進めて**、話の流れが伝わりやすくなるように工夫しています。

ポイント1：【数を示す】

時間を十分に取って1語1語をはっきりと伝え、「グリーンディール産業計画」には4つの柱があるということを、具体的に示しています。これらの要素を列挙する際、最初の3つである the regulatory environment、financing、skills では上昇調、最後の trade では下降調のイントネーションが用いられていることにも注目しましょう。

ポイント2：【段落最初の1文】

それぞれの柱を紹介する際、「1つ目は…、2つ目は…」のように単純な同じ構文が用いられています。スピーチは書き言葉とは異なり、聞き手が一度聞いた内容をその場でもう一度聞き返すことができないため、このように、単純な構造でわかりやすく話すことが大切です。the Green Deal Industrial Plan という名称を何度もくり返していることも印象的です。固有名詞なので4語すべてに強勢を置いて発音します。

ポイント3：【各段落の結論】

特に1段落目、2段落目は（中略）と示した部分の説明が長いため、段落の最後で This is pillar one. や So the second pillar is... のようにもう一度、柱の番号を明示的にくり返しています。

★右記のサイトでスピーチの全文が聞けます。

バラク・オバマのスピーチ

ここで取り上げる英文は、2009年9月にバラク・オバマ米国大統領（当時）が全国の小中学生に向けて語ったスピーチからの抜粋です。やさしい英語を使ってわかりやすい例を挙げ、聴衆に語りかけるように話しています。

Some of the most successful people in the world are the ones who've had the most failures.

J. K. Rowling's—who wrote Harry Potter—her first Harry Potter book was rejected 12 times before it was finally published.

Michael Jordan was cut from his high school basketball team. He lost hundreds of games and missed thousands of shots during his career. But he once said, "I have failed over and over and over again in my life. And that's why I succeed."

These people succeeded because they understood that you can't let your failures define you. You have to let your failures teach you. You have to let them show you what to do differently the next time.

日本語訳

世界で最も成功した人の中には、最も多くの失敗を経験した人がいます。

J.K. ローリング（ハリー・ポッターを書いた方ですが）、彼女のハリー・ポッター第一作目は、ついに出版に漕ぎ着ける前に12回も（出版を）断られました。

マイケル・ジョーダンは高校時代のバスケットボールのチームから外されていました。彼は現役選手時代に何百もの試合に負け、何千ものシュートを外しています。しかし、彼はかつてこう言いました。「私は人生において何度も何度も何度もくり返し失敗してきました。だからこそ私は成功したのです」

これらの人々が成功した理由は、失敗に自身のあり方を決めさせてはいけないと理解していたからです。失敗からは学ばなければなりません。次はどう変えるべきか、失敗から教えてもらわなければなりません。

新学期を迎えた子供たちに向けて「必ずしも最初から成功するとは限らないけれど、それでよい」と伝えた直後の段落を抜粋します。**最初に伝えたい内容の要点を簡潔に示してから、例を2つ挙げて説明し、最後にもう一度要点を言い換えて示す**というスピーチ構成です。子供たちにもなじみがある著名人を例に挙げて、実感がわきやすいよう工夫しています。

ポイント1：【最初に要点を示す】

この段落の要点をリズムよく伝えています。速過ぎて口が追い付かない場合は、まずは Some of the most successful people in the world are the ones who've had the most failures. の「・」印がついている内容語の強勢部分のみタイミングを合わせるようにして、徐々にそれ以外の単語も言えるようにしましょう。

ポイント2：【具体例を挙げる】

具体的に著名人の名前や書名をあげるだけでなく、J. K. Rowling の例では失敗した数も具体的に示しています。Michael Jordan の例では hundreds of... や thousands of...、over and over and over again のように意味的に重複する語をくり返し、何度失敗してもくじけない様子を強調しています。「・」印の部分に強勢があることを意識して、リズムよく発音しましょう。

ポイント3：【結論を示す】

結論の部分では you、your という代名詞が多用されており、著名人の話から、目の前にいる聞き手に視点がシフトしています。teach を特に強調して発音しているのは、let your failures define you と let your failures teach you を対比させるためです。You have to let.... で始まる文を2回くり返し、子供たちに直接的に訴えかけています。

★右記のサイトでスピーチの全文が聞けます。

マーク・ザッカーバーグのスピーチ

ここで引用する英文は、2017年にマーク・ザッカーバーグ（フェイスブックの創始者）がハーバード大学で行ったスピーチからの抜粋です。**97**のオバマ氏のスピーチと同じく具体例を列挙するスピーチ構成に注目してみましょう。

98

And entrepreneurial culture thrives when it is easy to try lots of new ideas.

Facebook wasn't the first thing I built. I also built chat systems and games, study tools and music players. And I'm not alone.

J. K. Rowling got rejected 12 times before she finally wrote and published Harry Potter.

Even Beyoncé had to make hundreds of songs to get "Halo".

The greatest successes come from having the freedom to fail.

日本語訳

起業家の文化は、様々な新しいアイデアを容易に試せるときに栄えます。

フェイスブックは、私が築いた最初のものではありませんでした。チャットシステムやゲーム、学習ツール、音楽プレイヤーも作りました。そしてそれは私だけではありません。

J.K. ローリングは、ハリー・ポッターを書いて出版するまでに12回も断られました。

ビヨンセでさえも『ヘイロー』を出すまでに何百曲も作らなければならなかったのです。

最も偉大な成功は、失敗する自由があって初めて手にできるのです。

スピーチ全体では、誰もが目的意識を持つことができる世界を作るための方法を3つに分けて話しています。ここでは、そのうちの2つ目の「目的を追求する自由をすべての人に与えるために平等を再定義する」方法を述べた冒頭部分を抜粋します。**⑨**と同様に、**伝えたい内容を最初と最後に示し、その間にいくつかの実例を挙げるパターン**のスピーチ構成です。

ポイント１：【最初に要点を示す】

今の若者は、親世代とは異なり、起業家精神を持っているという前置きに続く、この段落の要点部分です。文末をしっかりと下降させて話すことにより、この考えに対する自信がうかがわれます。また、entrepreneurial /ɑ̀ːntrəprənə́ːriəl/ は「・」印がついている部分に強勢が置かれます。

ポイント２：【具体例を挙げる】

ここでは自分自身、J. K. Rowling、Beyoncé の 3 人の具体例を挙げています。ビヨンセの例を紹介したときに微かな笑いが起きた理由として、嬉しそうな表情で自分と同列に彼女の苦労を挙げたこと、すでに若者のアイドルではなくなっているビヨンセを大学生に対する例として挙げたことなどが考えられます。いずれにしても、終始ほがらかな表情で楽しそうに話す、ザッカーバーグの人柄が表れています。

ポイント３：【結論を示す】

この結論部分でも、文末をしっかりと下降させて話しています。The greatest successes / come / from having the freedom to fail. のように、動詞の前後に一瞬のポーズを置いています。文を区切ることによって、「失敗することの自由」という印象に残るフレーズがさらに際立ち、聞き手の耳に残ります。

★右記のサイトでスピーチの全文が聞けます。

テイラー・スウィフトのスピーチ

歌手のテイラー・スウィフトは、2022年5月2日、ニューヨーク大学から名誉芸術博士号を授与され、同校の卒業式でスピーチを披露しました。彼女の魂のこもったスピーチから、プロソディの練習に最適なハイライト部分を引用します。

And I know it can be really overwhelming, figuring out who to be and when, who you are now and how to act in order to get where you want to go. I have some good news. It's totally up to you. I have some terrifying news. It's totally up to you. ....

How do I give advice to this many people about their life choices? I won't. The scary news is, you're on your own now. But the cool news is, you're on your own now. ....

Anyway, hard things will happen to us. We will recover. We will learn from it. We will grow more resilient because of it. And as long as we are fortunate enough to be breathing, we will breathe in, breathe through, breathe deep, breathe out.

日本語訳

自分は誰で、行きたいところに行くためにどう行動すればいいのかを決めるのは本当に大変なことだと思います。良い知らせがあります。それは完全にあなた次第だということです。また、恐ろしいニュースもあります。それは、完全にあなた次第だということです。（中略）

これだけ多くの人々の人生の選択について、どうアドバイスしたらいいのでしょうか。私はしませんよ。怖いニュースですが、あなたはもう一人前だということです。しかし、クールなニュースとしては、あなたは今や自分の力で生きているということです。（中略）

とにかく私たちは困難に見舞われるでしょう。私たちは回復するでしょう。私たちはそこから学ぶでしょう。そのおかげで立ち直りの早い人間になれるでしょう。そして幸運にも息をしている限り、私たちは息を吸い、息を吸い込み、深呼吸をし、息を吐いていくのです。

聞かせどころとなる箇所は短いフレーズにまとめ、フレーズ同士を対比させたり列挙したりして、リズムよくメッセージを伝えています。ここでは、スピーチの中盤と終盤から、**声の表情で内容を伝える**、ミュージシャンらしい部分を抜粋します。声の強さや高さの変化、くり返し表現、息づかいに注目しましょう。

ポイント1：【声のトーンの演じ分けで良し悪しを伝える】

1段落目の最後に出てくる It's totally up to you. も、2段落目の最後に出てくる you're on your own now. も、まったく同じフレーズを2度ずつくり返しています。しかし、それが良いことなのか悪いことなのかを、声の表情を使い分けることで表現しています。良いこととして伝えるときには文末で声の高さがいったん上昇してから激しく下降します。一方、悪いこととして伝えるときには文頭から文末にかけて単調に下降し、残念な感じを出しています。音源を聞いて、ぜひ声のトーンごとマネしてみてください。

ポイント2：【We will のくり返し】

will という助動詞は、単に未来のことを示すだけでなく、意志を持って実現させるというニュアンスを含みます。主語が I や you ではなく、we になっていることから、聞き手と同じ立ち位置で、共に前を向いて進んでいこうという力強いメッセージに仕上がっています。

ポイント3：【息遣いで伝える】

スピーチの終盤、And as long as we are fortunate enough to be breathing（幸運にも息をしている限り）という印象的なフレーズでクロージングに入る部分です。we will breathe in, breathe through, breathe deep, breathe out. の部分は、まるでヨガのインストラクターのように、自分自身も深く息を吸ったり吐いたりしながら話していることが、息づかいから感じられます。

★右記のサイトでスピーチの全文が聞けます。

ベネディクト・カンバーバッチの朗読劇

今までの総まとめにして最難関！ 英俳優ベネディクト・カンバーバッチによる緩急自在の朗読（2015年に行われた Letters Live による朗読劇）です。シャドーイングが終わったら、情景を思い浮かべながらシンクロ・リーディングや音読をしましょう。

It has made me very warm inside. It is terrific, wonderful, shattering. I don't know what to say and I cannot think. The delay is nothing. The decision is everything.

I must spend the first days at home. I must consider giving a party somewhere. Above all, I must be with you. I must warm you, surround you, love you and be kind to you.

I would prefer not to get married, but want you to agree on the point. In battle, I was afraid for you, for my mother, for myself.

Wait, we must, my lover, my darling. Let us meet, let us be, let us know, but do not let us now make any mistakes.

日本語訳

（戦地からの帰還が決定して）とても温かい気持ちになったよ。うれしい、素晴らしい、最高だ。何を言っていいのかわからないし、考えられない。遅れたって構わない。この決定こそがすべてさ。

最初の数日は家で過ごさないとね。どこかでパーティーを開くのもいい。何よりも君と一緒にいなくては。君を暖め、包み込み、愛さなくては。そして君に優しくしなくてはいけない。

まだ結婚はしたくないんだが、その点は同意してほしい。戦場でぼくは、君やぼくの母やぼく自身を思って怖かったんだ。

時を待とう、ぼくの愛しい君よ。会って共に過ごそう、互いを知り合おう、でも、過ちを犯さないようにしよう。

もうすぐ帰還する戦地にいる兵士から、故郷で待つ恋人に向けた手紙の朗読という設定の音源のため、これまでのスピーチとは**声の出し方**自体が大きく異なります。幸せと高揚感に満ちた声、相手をいつくしむような声、ささやき声、ため息交じりの声、恐怖の声など、役者ならではの名演技です。朗読**スピードの緩急**のつけ方にも注目しましょう。

ポイント 1：【スピードの緩急による対比】

terrific, wonderful, shattering は十分な間隔をあけて、喜びを反芻している様子を表現する一方で、直後の I don't know what to say and I cannot think. や I must consider giving a party somewhere. の部分は非常に速いスピードで読んでいます。この部分は相手に何かを伝えるというより、自分の頭の中をよぎったことを半ばひとりごとのように声に出しているという演出です。

ポイント 2：【下降調】

The delay is nothing. ↘ The decision is everything. ↘ は、抜粋部分より前に伝えている「出発時期は船の都合によるけれど、近いうちに故郷に帰ることができる」という内容を指します。2 つの文はどちらも断言するかのように激しい下降調で読まれています。「少々遅れても問題ない。決定は下ったのだから」と、本来なら今すぐにも帰りたい気持ちを抑えて自分に言い聞かせているようなトーンです。

ポイント 3：【Let us のくり返し】

戦地で味わった恐怖から回復できないため結婚を躊躇していることに対して恋人の理解を得るために、これからの 2 人のあり方についての提案を 3 つ並べた後で「過ちを犯すのはやめよう」と述べていますが、これらをすべて let us というフレーズを使って伝えています。この let us には、let's のように省略できるフレーズよりも依頼や願望の意味合いが強く込められているように感じられます。

★右記のサイトで朗読の全文が聞けます。

英語のプロソディを決める要素とは？

　プロソディとは、自然な発話の中で起こるリズムやイントネーションなど、音の高さ・強さ・長さの変化のことです。書きことばには表れませんが、発話の聞きやすさに大きな影響を及ぼします。

　音の高さの変化：下の図は、各単語がどのような音の高さで発話されたかを示しています。縦軸は音の高さ、横軸は時間の経過を表します。上向きの曲線はそこで音が高く、下向きの曲線はそこで音が低くなっていることを示します。文の始まりは Is it ではなく It's なので「もう 6 時だ」という肯定文にも見えますが、文末の o' clock で音が急激に高くなっており、「もう 6 時ですって？」という疑問に近いニュアンスが伝わります。

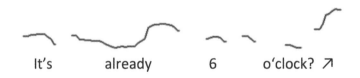

It's　　 already　　　 6　　 o'clock? ↗

　音の強さ・長さの変化：下の図は、それぞれの単語がどのくらいの強さ、どのくらいの持続時間で発話されたかを示しています。この文では have と turn の間には 1 語、turn と alarm の間には 2 語ありますが、have、turn、alarm という内容語がほぼ等間隔で発音され、3 拍のリズムで発話されていることがわかります。内容語の部分で手をたたいてリズムをとりながら発音してみましょう。

I　h<u>a</u>ve　 to　 t<u>ur</u>n off　 the　al<u>ar</u>m.

著者：**中西のりこ**

神戸学院大学グローバル・コミュニケーション学部教授。主な専門分野は英語音声学、オーラルコミュニケーション。2020年度から東京大学大学院工学系研究科と共同でシャドーイング用インターフェース※を開発し、利用者のリスニング力が飛躍的に向上する様子を報告してきた。『カタカナ語からはじめる英語の発音』（ひつじ書房、2022）、『危機時のリーダーの英語』（コスモピア、2021）、『ウィズダム英和辞典第4版（発音担当）』（三省堂、2019）など、著書多数。

※特願2022-131254（2022年8月19日）、特開2023-029323（2023年3月3日）「音声情報処理装置、推測装置、及びプログラム」峯松信明・朱伝博・中西のりこ

決定版
英語シャドーイング100本ノック

2023年6月30日　第1版第1刷発行
2024年8月10日　第1版第2刷発行

著者：中西のりこ

校正：高橋清貴
デザイン：B.C.
表紙イラスト：pino
本文イラスト：あべゆきこ

発行人：坂本由子
発行所：コスモピア株式会社
〒151-0053 東京都渋谷区代々木4-36-4 MCビル2F
営業部：Tel: 03-5302-8378 email: mas@cosmopier.com
編集部：Tel: 03-5302-8379 email: editorial@cosmopier.com

https://www.cosmopier.com/（会社・出版物案内）
https://e-st.cosmopier.com/（コスモピアeステーション）

印刷・製本／シナノ印刷株式会社
音源：Courtesy of English Speeches

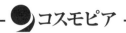

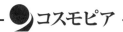